옛이야기
되살리기

살아 있는 교육 25

서정오 글

보리

옛이야기를 바르게 되살리는 길

아이들은 이야기와 함께 자란다. 아니, 이야기와 함께했을 때 비로소 아이들은 아이답게 자랄 수 있다. 아기자기하고 자유분방한 옛이야기는 아이들의 잠든 상상력을 일깨우고, 이렇게 활짝 피어난 상상력은 창조에 밑거름이 된다. 또 옛이야기 속에 이따금 나타나는 현실 비판과 풍자는 아이들에게 준엄한 진실을 가르친다. 이 가르침은 재미와 은유의 수풀 속에 숨어 있어서 눈치채기조차 힘들 때가 많지만, 바로 그 때문에 무겁거나 따분하지 않고 친근하다.

그러나 요새 아이들은 이야기를 모르고 살아간다. 옛이야기를 즐길 만한 여유가 없기 때문이다. 사람이 사회를 이루고 살기 시작한 뒤로 오늘날만큼 아이들에게 많은 짐을 지운 때가 있었을까? 겨우 말귀를 알아들을 나이부터 아이들은 '놀이'를 금지당한 채 '공부'에 시달리며 살아간다. 그러다 보니 아이들 삶과 정서도 크게 달라졌다. 많은 어른들은 요즈음 아이들이 "감정이 메마르고 되바라지고 자기만 안다"고 걱정하지만 그것은 결코 아이들 탓이 아니다. 예나 이제나 아이들은 어른들이 만들어 놓은 환경 속에서 자라며, 스스로 그것을 골라잡을 수 없기 때문이다. 오늘날 아이들을 둘러싼 환경이란 게 물신주의와 소비문화, '나 아닌 남은 모두가 적'이라고 외치는 경쟁 논리와 사람을 돈벌이 수단으로 보는 시장 정서가 아닌가. 이런 환경 속에서 자라는 아이들이 마냥 착하기만 하다면, 그게 오히려 이상할 것이다.

그렇다면 아이들이 이렇게 변한 건 이 땅 '모든' 어른들 탓인가? 아니다. 오늘도 자식들 과외비 걱정에 잠을 설치는 서민 부모들과, 잡일에 시달리며 아이들에게 조각 지식을 전하느라 지쳐 가는 교사들에게 무슨 죄가 있겠는가? 돈과 힘이 지배하는 세상에서 힘없고 돈 없는 사람은 아이고 어른이고 다 같은 피해자다. 이 피해자들끼리 서로를 위로하는 작은 의식이 바로 이야기요, 그 속에서 싹트는 것이 이야기 문화다.

옛날 농촌 공동체에서 이야기는 곧 소통의 도구였고 세대를 이어 주는 끈이었다. 어른들은 아이들을 만나면 으레 이야기를 들려주었다. 그것은 옛이야기이기도 했고 살아온 이야기이기도 했다. 이야깃거리가 동나면 지어낸 이야기도 가끔 나왔다. 집에서는 어머니 아버지가, 학교에선 선생님이, 마을에선 입담 좋은 아저씨가, 친척집에선 친척 할머니 할아버지가 기꺼이 이야기꾼이 돼 주었다. 심지어 장터에서 만난 낯선 아저씨한테 옛이야기 한 자리쯤 듣는 것도 그 시절 아이들에게는 별난 일이 아니었다. 그때 만약 이야기가 없었다면 삶은 얼마나 힘들고 고달팠을까?

그 소박한 공동체가 무너지면서 이야기 문화도 사라졌다. 요새 아이들은 집에서나 학교에서나 이야기 대신 외마디 명령과 평가에 익숙해져 있다. 이야기가 사라진 곳에는 거칠고 짧은 대화와 서먹서먹한 눈길이 대신 자리 잡았다. 넉넉한 이야기는 사람과 사람을 평등하게 이어 주지만, 메마른 지시 명령은 사람을 위아래로 나누고 서열을 매긴다. 이래서 오늘날 이야기와 이야기 문화를 되살리는 일은 급하게 되었다. 그것은 공동체가 되살아나기를 꿈꾸는 곳에서 어른과 아이가 평등하게 소통하며 함께 위로받을 수 있는 몇 안 되는 길 가운데 하나요, 답답한 현실에서 숨통을 틔우는 거의 하나뿐인 길이다.

우리 아이들은 아주 어려서부터 서양 이야기를 듣고 읽으며 자란다. 서울에서 제주도까지, 이 땅 어느 곳을 가 보아도 '반쪽이' 보다 '백설공주'에 더 친숙한 아이들을 만날 수 있다. '몽실언니'와 '소공녀 세라'를 견주어 보아도, '헤라클레스'와 '강림도령'을 견주어 보아도 마찬가지다. 요컨대 아이들 정서의 틀을 결정짓는 문화 환경의 중심에 서양 이야기가 있다.

이렇듯 지나치게 서구화된 문화 속에서 아이들 정서는 한쪽으로 치우치기 쉽다. 우리 아이들은 곧잘 자기가 백인이 아니면서도 유색인은 열등하다는 편견에 사로잡히고 자기가 침략자 후손이 아니면서도 원주민은 미개하다는 생각에 젖어들며, 이것은 열등감과 자기 부정의 뿌리가 된다. 우리 아이들이 만약 이웃 동남아시아 이주노동자 자녀들을 놀리고 은근히 업신여긴다면, 곧 자기 자신을 놀리고 업신여기는 것과 같다. 그리고 그 책임은 아이들에게 있지 않다.

아이들에게 자기를 부정하는 법을 가르치는 건 서구화된 문화 환경만이 아니다. 많은 위인전기들은 '위대한 주인공'이 태어날 때부터 보통 사람과 다르다고 내세우면서 수많은 '보통 아이들'을 기죽여 왔다. 세상에 어떤 아이가 '동쪽 하늘에 서기가 비치면서 태어났고 몸에는 북두칠성이 새겨져 있는' 주인공을 자기 자신과 동일시할 수 있겠는가. 교과서는 그런 '위인들의 비범함'을 되풀이 강조하며 아이들에게 본받을 것을 강요하지만, 그걸 읽고 진심으로 감동하여 본받기를 다짐하는 아이는 드물 것이다.

옛이야기는 이 모든 해독을 씻어 주고 걸러 줄 힘을 가지고 있다. 우리 옛이야기 주인공은 하나같이 약자다. 너무 평범해서 이름조차 없는, 약자 가운데 약자가 바로 우리 옛이야기의 주인이다. 이러한 장치 덕에 듣는 이는 주인공과 쉽게 한 몸이 될 수 있다. 약자를 동정하며 한 몸이 되는 건 모든 아이들에게 자연스러운 정서다. 사람에게 이타심과 정의감이 남아 있는 한 이 이치는 바뀌지 않을 것이다. 위대한 인물 이야기를 읽을 때는 하품하던 아이들이 옛이야기 들을 때는 눈을 반짝이며 저도 모르게 한 걸음 다가앉는 까닭이 여기에 있다.

오늘날 아이들에게 우리 옛이야기를 들려주는 일은 이래서 매우 중요하게 되었다. 하지만 여기에도 조심할 것이 있다. 잘 알다시피 입에서 입으로 전해 온 옛이야기는 옛날부터 이 땅에 살아온 수많은 백성들이 함께 만든 것이다. 따라서 수많은 백성들의 삶과 꿈, 숨결과 소망이 이야기마다 넘치도록 들어 있다. 오늘날 아이들에게 옛이야기를 들려주는 부모와 교사들, 그리고 다시쓰는 작가들은 이것을 온전하게 되살려 전해 줄 짐을 지고 있는 셈이다. 그렇다면 어떻게 되살릴 것인가? 이 책은 이 물음에 거칠게나마 답하는 뜻으로 쓴 것이다.

옛이야기를 사랑하는 많은 분들 격려와 권유에 힘입어 이 어쭙잖은 책을 세상에 내놓지만 부끄러움을 감출 수 없다. 의욕만 앞서고 재주가 따르지 못한 탓에 글이 몹시 엉성하고 어수선하다. 게다가 보는 눈이 서툰 글, 논리 펼침이 어설픈 글, 전달이 깔끔하지 못한 글도 있을 줄 안다. 그런 글에 대해서는 독자 여러분이 부디 따끔하게 나무라고 가르쳐 주기 바란다.

글을 크게 네 덩어리로 나누어 놓았다. 1장에는 옛이야기 성격을 살펴본 글이 들어 있다. 옛이야기가 띠고 있는 서로 다른 두 가지 빛깔을 찾아내어 견주어 보면서 왜 그런 성격을 갖게 됐는지 나름대로 생각해 본 것이다. 전국초등국어교과모임에서 내는 계간 〈어린이와 함께 여는 국어교육〉에 한 해 동안 연재한 원고를 바탕으로 생각을 다듬고 보태어 만든 글이다.

2장에는 옛이야기 말의 특징을 살핀 글이 한데 모여 있다. 새로 쓴 글도 있고, 월간 〈개똥이네 집〉에 '옛글에서 배우는 우리 말'이라는 제목으로 연재한 것 열 편을 뽑아 다듬은 글도 있다. 여기에 옛이야기 말의 성질이라고 밝혀 놓은 것은 결코 흠 없이 완전한 것이 아니다. 언제든지 더 튼튼한 이론이 나오면 허물어질 수 있는 가설이며, 또 그렇게 되기를 바란다.

3장에는 옛이야기 자리를 넓히는 데 얽힌 글을 넣었다. 여태 민담하고 글신화 중심으로 마련된 옛이야기 자리에 말신화를 보태어 넣는 일이다. 독자들 가운데는 우리 말신화를 낯설게 여기는 분이 있을지 모르겠다. 부디 그 낯설음에 혼란스러워하는 대신 생각의 틀을 키울 수 있기를 바란다.

4장에는 옛이야기를 슬기롭게 이어받으려면 어떻게 해야 좋을지에 대해 쓴 글을 모아 놨다. 옛이야기 다시쓰기에 관한 내용이 많으며, 여기저기에 발표한 글을 뼈대 삼아 살을 붙이고 다듬은 것이다. 겹치는 곳은 빼고 모자라는 곳은 보태며 여러 번 손을 댔지만 아직도 썩 가지런하지 못하다. 민중성 대목은 내 딴에는 중요하다고 생각되어 여러 번 힘주어 말했는데, 보기에 따라서는 중언부언한다는 느낌이 들지도 모르겠다.

글은 될 수 있는 대로 우리 말법에 맞게 쓰려고 애썼지만 엉터리 글쓰기

버릇을 아직 다 못 고친 탓에 잘못 쓴 곳도 많을 것이다. 국어사전에 없거나 널리 쓰이지 않는 말을 나름대로 만들어 쓴 것도 있는데 이를테면 '말문학, 글문학, 말이야기, 글이야기, 말신화, 글신화, 이야기, 지은이야기, 이야기작가' 따위다. 각각 '구비문학, 기록문학, 구전설화, 문헌설화, 구전신화, 문헌신화, 동화, 창작동화, 동화작가'를 우리 말로 바꾼 것인데 워낙 쉬운 말이라 그리 낯설지는 않으리라. 우리 말을 사랑하는 독자라면 너그럽게 봐주리라 믿는다.

시원찮은 글을 거두어 책으로 만들어 준 보리출판사의 배려에 고마움을 전하며, 아울러 늘 곁에서 격려와 도움을 아끼지 않으시는 윤구병, 윤태규, 이호철 선생님께도 고개 숙여 감사드린다.

끝으로 이 땅에 우리 옛이야기가 힘차게 되살아나 들꽃처럼 피어나고 강물처럼 흐르기를, 그리하여 우리 사는 세상도 조금만 더 사람 냄새 나는 세상이 되기를, 무엇보다도 아이들 얼굴에 웃음과 여유가 되살아나기를 간절히 빌어 본다. 이 어설픈 책이 그 길에 조금이라도 보탬이 된다면 그보다 더 기쁜 일은 없겠다.

2011년 6월, 서정오

차례

일러두기

- 옛이야기를 글로 옮기는 방식을, 다음과 같은 우리 말로 바꾸어 썼다.
  받아쓰기(채록), 떠올려쓰기(기재), 다시쓰기(재화), 고쳐쓰기(재창작), 새로쓰기(창작)

- 글쓴이가 생각을 펼치기 위해 만들어 쓴 말을 그대로 실었다. '말문학, 글문학,
  말이야기, 글이야기, 말신화, 글신화, 지은이야기, 이야기작가, 겨룸틀' 따위다.

- 글쓴이가 다시쓰기 한 민담과 신화를 인용할 때는 따로 출처를 달지 않았다.

1장

옛이야기 바로 보기

옛이야기를 어떻게 볼까? 쉽다면 쉽고 어렵다면 어려운 일이다. 이야기를 다만 놀 거리, 즐길 거리로 보고 우리 삶에 어떤 도움을 주는가에 초점을 맞추면 쉽고 간단할 수 있지만, 거창한 공부거리로 보고 이런 이론, 저런 가설을 끌어대어 헤집고 따지기로 들면 한도 끝도 없이 어려워진다.

이야기가 백성들 삶 속에서 태어나고 자라 왔다는 것은 누구나 안다. 이야기는 처음부터 우리 삶을 기름지게 하려고 만들어졌으며, 전해지는 동안에도 언제나 그 본분에 충실해 왔다. 따라서 이야기는 사람들 삶을 떠나는 순간 아무것도 아니다. 지금까지 많은 학자들이 옛이야기를 연구하여 여러 가지 가설들을 내놓았지만, 그것이 이야기를 우리 삶 속에 풀어 놓는 데 얼마나 이바지했는지? 오히려 삶과 동떨어진 답답한 이론의 틀 안에 가두어 버리지나 않았는지?

이 장에서는 옛이야기를 사람들 삶과 관련지어 살펴보기로 한다. 더러 숨은 속살을 들추어 보거나 소소해 뵈는 것을 따지기도 하겠지만 결코 사람의 삶을 떠나는 일은 없을 것이다. 이야기 속에 어떤 성질이 드러나면 가장 먼저 그 이야기를 만들어 퍼뜨렸을 백성들이 어떤 모습으로 살았는지 생각하고, 그것을 바탕으로 왜 이런 성질이 생겼는지 짐작해 볼 것이다. 그런 생각과 짐작 들이 다 온전하여 흠결이 없는 건 아닐 테지만, 옛이야기 보는 눈을 넓히는 데는 얼마만큼 도움이 되리라 믿는다.

현실 거꾸로 뒤집기와 바로 비추기

즐거운 상상, 세상 뒤집기

문제를 하나 내는 것으로 이야기를 시작하겠다. 옛이야기에서 주인공이 갑자기 죽는다면 그다음은 어떻게 될 것 같은가? 다음 보기에서 골라 보기 바란다. (가)장례를 치른다. (나)이야기가 끝난다. (다)새로운 주인공이 나타난다. (라)주인공이 되살아난다.

만약에 (라)를 골랐다면 잘 고른 것이다. 주인공이 죽으면서 끝나 버리는 슬픈 이야기도 더러 있긴 하지만, 대부분 옛이야기는 주인공이 온갖 어려움을 이겨 내고 행복하게 살도록 만들어 준다. 그리하여 이야기꾼이 흐뭇한 목소리로 "그래서 잘 살았더란다" 해야만 비로소 이야기는 끝이 난다. 따라서 이야기판에서는, 이를테면 주인공이 참 어쩔 수 없는 지경에 이르러 죽게 된다 하더라도 아무도 안타까워하거나 슬퍼하지 않는다. 누구든지 곧 그이가 되살아날 것임을 알기 때문이다. 몸뚱이 위에 꽃 한 송이만 쓱 올려놔 주면 죽은 사람도 벌떡 일어나 앉는, 이런 일이 예사로 일어나는 곳이 옛이야기 말고 또 있을까.

옛이야기는 넘치는 상상력으로 지은 꿈의 곳간이다. 옛사람들에게는 왜 이런 꿈이 필요했을까? 그 옛날 땀 흘려 일하며 살던 백성들에게 현실은 너무 모질었다. 권력의 억압과 가난은 이들의 밥을 빼앗고 몸을 짓눌렀으며 마음마저 후벼 팠다. 고단한 삶에 지친 백성들이 기댈 언덕이라고는 꿈꾸는 일뿐이었을 게다. 제아무리 모진 현실도 꿈꾸는 것마저 훼방 놓을 수는 없었을 테니 말이다. 백성들은 이야기 속 주인공을 내세워 자신들이 꿈꾼 일을 마음껏 이루게 함으로써 '대신 겪기'의 즐거움에 빠져들었다. 옛이야기에서 당치도 않은 일들이 아무렇지 않게 일어나고, 아무리 어려운 문제도 쉽사리 풀리며, 행운은 약속이나 한 듯 때맞춰 찾아오는 까닭이 여기에 있다.

"옛날 옛적 어느 곳에 한 총각이 살았는데, 밑구멍이 찢어지도록 가난해서 굶느니 먹느니 하고 살다 보니 나이 마흔이 넘도록 장가를 못 갔어." 이렇듯 가난한 집 총각이 옛이야기에 단골로 나오는 까닭도 바로 꿈 때문이다. 가난한 시골 총각에게 가장 절박한 꿈은 무엇일까? 두말할 나위도 없이 장가가는 일일 테지. 장가를 가되 형편이 어려우니 돈 한 푼 안 들이고 가면 얼마나 좋겠는가. 이 꿈이 낳은 이야기가 바로 '새끼 서 발로 장가든 총각'이다.

옛날에 늦도록 장가 못 든 총각이 홀어머니를 모시고 살았어. 그런데 이 총각이 참 만사에 태평이야. 삼 년 가뭄에 비가 오나 마나 태평이고, 장마에 우케가 떠내려가나 마나 태평이고, 그러니 장가를 가나 못 가나 태평이지. 보다 못한 어머니가,

"애, 너는 평생 떠꺼머리로 늙어 죽을 작정이냐?"

해도,

"짚신도 짝이 있다는데 때가 되면 어련하겠어요. 걱정 마세요."

이러고 천하태평이지.

하루는 어머니가 일하러 나가면서,

"애, 뒤꼍에 짚 석 단 있으니 그걸로 새끼나 좀 꼬아 놓으렴."

하고 나갔어. 그런데 저녁때가 되어 돌아와 보니 이 태평꾼이 짚 석 단으로 달랑
새끼 서 발을 꼬아 놓았단 말이야. 어머니가 한심하기도 하고 화가 나서,

"애, 너 그 새끼 서 발 가지고 당장 나가거라. 나가서 색싯감이나 구하거든 오
지, 안 그러면 집에 들어오지도 마라."

하고 아들을 쫓아냈어. 총각은 하릴없이 새끼 서 발을 허리에 매고 집을 나갔지.

한참 가다가 길에서 옹기장수를 만났어. 옹기장수가 옹기 지게를 받쳐 놓고
서 있는데, 막 넘어가려는 옹기를 붙잡고 쩔쩔매고 있더란 말이야. 가만히 보니
까 옹기 짐을 묶은 줄이 끊어져서 그러고 있어. 그런 판국에 튼튼한 새끼줄을 가
진 사람을 만났으니 옹기장수가 반색을 하지.

"여보게, 총각. 그 새끼줄을 이 물동이와 바꾸지 않겠나?"

"그러지요."

그래서 물동이를 하나 얻었어. 새끼 서 발이 물동이 하나가 됐지.

총각이 물동이를 옆구리에 끼고 또 한참 가다가 우물가에서 물 긷는 아낙을
만났어. 이 아낙이 물동이에 물을 가득 길어서 들어 올리다가 그만 손이 미끄러
워서 물동이를 놓쳐 버렸네. 그 바람에 물동이가 떨어져서 팍삭 깨지고 말았지
뭐야. 그런 판국에 새 물동이 가진 사람을 만났으니 반색을 할 수밖에.

"거기 가는 총각, 부디 그 물동이를 내게 주오. 그걸 주면 집에 가서 떡 한 시

루 갖다 주리다."

"그러지요."

그래서 떡 한 시루를 얻었어. 물동이 하나가 떡 한 시루가 됐지.

떡시루를 짊어지고 또 한참 가다가 장정 둘을 만났어. 장정 둘이 송장을 거적에 둘둘 말아서 지게에 얹어 지고 가는 거야. 가면서,

"하필이면 이 늙은이가 우리 집 앞에서 죽어서 이 고생일세."

하고 투덜거리더란 말이야. 총각이 그 말을 듣고,

"여보시오, 그 송장이 누구기에 그러오?"

하고 물었어. 장정들은 우스개로,

"이 송장이 누구냐고? 바로 당신 할머니지."

했지. 총각은 정말로 제 할머니인가 싶어서,

"그러면 할머닐랑 내게 맡기고 이 떡을 가져가오."

했단 말이야. 장정들은 얼씨구나 좋다 하고 얼른 송장을 내려놓고 떡시루를 지고 가 버렸어. 떡 한 시루가 송장 하나가 되었지.

총각이 송장을 짊어지고 한참 가다 보니 우물이 하나 있어. 좀 쉬어 가려고 송장을 우물가 버드나무에 기대 세워 놨지. 그러고 나서 앉아 쉬는데, 마침 웬 처녀가 물을 길러 우물가에 나왔다가 송장을 보고서,

"할머니, 할머니. 여기서 뭐하는 거예요?"

하고 묻다가 아무 대답이 없으니까 손으로 툭 건드렸거든. 툭 건드리니까 송장이 뭐 힘이 있어? 그냥 털썩 쓰러지지. 처녀가 정신을 차리고 가만히 들여다보니까 죽었단 말이야. 그만 기겁을 하고 부들부들 떨지. 그때 총각이 쫓아와서,

"아이고, 우리 할머니가 쓰러지셨네!"

하니까, 처녀가 잘못했다고 싹싹 빌어. 총각은 세워 둔 송장이 넘어졌다고 그러

는 건데, 처녀는 제가 잘못해서 할머니가 죽은 줄로만 아는 거지.

"도련님, 제발 살려 주세요. 관가에 잡혀가긴 싫어요."

"살려 드리고 말고 할 것이 뭐 있소? 나는 색싯감을 구하러 다니는 중이니 내 색시나 되어 주오."

그러니까 처녀가 그러마고 해. 그래서 송장은 양지바른 곳에 묻어 주고, 처녀는 집에 데리고 갔지. 가서 어머니 모시고 아주 깨가 쏟아지게 잘 살더래.

이 이야기에서 가난한 총각은 천덕꾸러기로 살다가 어머니한테 쫓겨나는데, 이때 더도 덜도 말고 딱 새끼 서 발을 들고 집을 나선다. 새끼 서 발, 이것이 말하는 바는 분명하다. 별 볼 일 없는 하찮은 물건이라는 것이다. 아무리 가난해도 그렇지, 새끼 서 발 따위를 어디에 쓸 것인가. 하지만 이야기는 그런 생각을 비웃기라도 하듯 행운을 향해 거침없이 내닫는다. 새끼 서 발은 곧 물동이 하나가 되고, 물동이 하나는 떡 한 시루가 되고, 떡 한 시루는 죽은 할머니가 되고, 죽은 할머니는 산 색시가 되어 총각은 드디어 뜻을 이룬다. 새끼 서 발이 산 색시가 될 때까지, 행운은 '가장 필요할 때 가장 맞아떨어지는' 방식으로 찾아온다. 처음부터 꿈을 이루기 위해 만든 것이므로, 이런 이야기에서 머뭇거리거나 눈치 볼 필요는 없다. 오로지 욕망이 시키는 대로 꿈을 향해 앞으로 나아갈 뿐이다.

옛이야기 주인공이 언제나 약자인 것, 약자가 반드시 승리하는 것도 같은 이치다. 강자에게 짓눌리고 시달리는 약자일수록 마음속에 품은 꿈이 클 만한데, 과연 옛이야기 속 약자는 아무리 모진 고난도 보란 듯이 이겨 내고 행운을 거머쥔다. 만약 그 행운으로 가는 길에 걸림돌이 될 만한 강자가 있으면 보기 좋게 물리침은 두말할 나위도 없다.

옛이야기에서는 나무꾼이나 머슴처럼 미천한 인물이 임금이 되어 용상에 올라앉는 일도 심심찮게 일어난다. 그것도 눈이 시퍼런 진짜 임금을 쫓아내고서. 그래도 괜찮으냐고? 물론 괜찮다. 현실이라면 역적으로 몰려 죽임을 당했겠지만 이야기 속에서는 열이면 열 떵떵거리며 보란 듯이 잘 산다. 이쯤 되면 말 그대로 세상이 거꾸로 뒤집힌 모습이다. 임금이나 벼슬아치들이 들으면 자다가도 화들짝 놀라 일어날 만한 변고 아닌가. 하지만 백성들에게 어차피 권력이란 현실의 것이 아니었다. 그러니 이왕 뒤집을 바에야 통 크게 뒤집어엎고 놀아 보자는 생각이 들었을 법도 하다. 그렇다고 해서 설마하니 잡혀가기야 할까. 아무리 속 좁은 권력이라도 이야기 한번 한 것 가지고, 꿈 한번 꿔 본 걸 두고 시비 걸 수는 없을 테니까. 옛이야기의 세상 뒤집기는 이래서 통쾌하다.

욕망을 다스리는 금기와 고난

상상력이 만들어 낸 길에는 거리낌이 없다. 어차피 현실에서 이루기란 어림 반 푼어치도 없는 일을 꿈이나 꿔 보자는 것이니 그럴 만도 하다. 하지만 옛사람들은 알았다. 욕망이 가는 길에는 끝이 없다는 걸, 그냥 내버려 두면 고삐 풀린 망아지처럼 끝내 금을 넘어 버릴 수도 있다는 걸. 그래서 슬기로운 백성들은 이야기 속에 욕망을 다스리는 장치를 만들어 두었다. 그것이 바로 금기와 고난이다.

금기는 끝없는 상상의 바다에 군데군데 숨어 있는 암초, 또는 드넓은 꿈의 벌판에 드문드문 파 놓은 허방다리 같은 것으로, 삼가고 조심하지 않으면 다칠 수 있다는 경고를 보낸다. 욕망을 따르되 절제하고 살피라는 얘기다. 이를테면 흔한 화수분 이야기에서 주인공은 한도 끝도 없이 재물이 나오는 보물단지를 얻는다. 아무리 꺼내도 없어지지 않고 줄어들지도 않으니 과연 누구나 꿈꿀 만한 보물이다. 하지만 여기에는 절대 넘지 말아야 할 금이 그어져 있다. "하루 세 번 넘게 꺼내지 마라" 또는 "너무 많이 꺼내지 마라"는 금기가 그것이다. 짐작하다시피 욕심쟁이는 이 금기를 어기고, 그 결과 화수분은 깨어지거나 사라져 버린다.

도깨비감투 이야기에도 이런 금기는 숨어 있다. 남의 눈에 띄고 싶지 않은 비밀스런 욕망은 누구에게나 있으며, 도깨비감투는 바로 이런 꿈을 이루어 주는 물건이다. 그러나 이야기는 말한다. 마음껏 욕망을 이루되 남에게 해를 끼치는 데까지 닿아서는 안 된다고. 주인공이 도둑을 피하거나 산짐승을 잡는 데 쓸 때는 아무 탈이 없던 감투가, 잔칫집 음식을 훔쳐 먹는 순간 구멍이 뚫리거나 머리에서 벗겨지는 것도 다 그러한 금기를 어겼기 때문이다. 옛사람들은 이야기 속에 숨겨 둔 금기를 살피며 스스로 욕망을 다스리는 법을 배웠던 것 같다.

금기가 영역을 다스리는 거라면 고난은 절제를 위한 몫이다. 다시 말해 금기가 해도 될 일과 해서는 안 될 일을 가려 준다면, 고난은 욕망과 꿈의 크기 또는 속도를 알맞게 다스려 준다. 꿈이 상상력의 날개를 달면 가속도가 붙게 마련인데 너무 거침없이 달리다 보면 넘어지거나 돌아오는 길을 잃을 수도 있다. 그러지 않으려면 주인공은 마냥 신나게 꿈을 이루기만 할 것이 아니라 도중에 많은 어려움을 겪어야 한다. 이 어려움은 크고 모질수록 효과가 크다. 이를테면 잘 알려진 나무꾼과 선녀 이야기에서 가난한 나무꾼 총각은 선녀를 색시로 얻는 순간 이미 꿈을 이뤘다. '선녀같이' 아리따운 색시를 얻는 것만도 분에 넘치는 일일진대, 하물며 하늘에서 내려온

'진짜 선녀'를 색시로 얻었으니 무엇을 더 바라랴. 그러나 이야기는 주인 공이 이 과분한 행복을 마냥 누리도록 내버려 두지 않고 새로운 고난을 마 련한다. 그 고난은 주인공이 "아이 몇을 낳기 전에는 날개옷을 내주지 마 라"는 금기를 어기는 데서 시작된다. 고난을 이겨 내면 또 다른 고난이 앞 을 가로막고……, 이렇듯 고난의 문을 하나씩 뚫고 나가면서 주인공은 점 점 성숙한 사람이 된다.

날카로운 현실 의식, 세상 바로 비추기

거듭 말하지만 옛이야기는 꿈의 곳간이다. 하지만 이것으로 옛이야기의 구실이 다 끝나는 것은 아니다. 생각해 보아라. 만약에 옛이야기가 억눌린 욕망을 상상 속에서 채우는 것으로 끝난다면, 그래서 잠깐 고달픈 현실을 잊고 꿈속을 헤매는 것으로 만족한다면, 좀 심하게 말해 마약보다 나을 게 무엇인가? 옛사람들은 알았다. 따스한 꿈에서 깨어나는 순간 눈앞에는 차 가운 현실이 기다리고 있다는 걸, 그리고 꿈이 달콤하고 아늑할수록 깨고 난 뒤 헛헛함은 크다는 걸. 현실을 똑바로 비춘 이야기는 이래서 태어나게 된다.

힘들게 살아가는 백성들에게 현실은 곧 벗어날 수 없는 굴레였다. 세상 을 똑바로 비춘 이야기가 하나같이 슬프거나 비장한 결말을 품는 까닭이 이러하다. 이를테면 아기장수 이야기에서 주인공은 태어나자마자 어머니 손에 죽을 처지에 놓인다. 아기장수가 영웅이 되어 권력에 맞설 것을 짐작 한 어머니가 다른 식구들을 살리기 위해 자식을 죽이기로 결심하기 때문이 다. "영웅이 나면 그 식구들이 다 죽는다"는 말은 결코 상상으로 꾸며 낸 것이 아니었다. 왕조 시대 백성들에게는 보탤 것도 뺄 것도 없는 무서운 현실이었다. 이야기는 이 현실을 한 뼘 분칠 없이 똑바로 그려 내었다.

아기장수가 위험을 느끼고 스스로 집을 떠나는 것도, 군사를 기르며 때를 기다리는 것도 다른 길이 없어 보일 만큼 막다른 길이다. 그만큼 현실답다는 뜻이다. 바위 속 세상이니 콩으로 만든 갑옷이니 하는 것이 좀 허황해 보일지 모르지만, 따지고 보면 이 또한 현실을 똑바로 그려 낸 것이다. 숨어 사는 곳이 바위 속처럼 든든해야 하고, 백성들에게는 목숨 같은 곡식이 곧 무기라는 말에 토를 달 이 있겠는가. 아무리 애를 써도 열리지 않던 바위가 억새풀로 두드리자 거짓말처럼 열리더라는 대목에서는 끝내 백성 손에 죽는 영웅의 최후를 보는 듯하여 섬뜩하기까지 하다. 비극으로 치닫던 이야기는 용마가 주인을 기다리며 아직도 긴 울음을 내놓고 있다는 결말에 이르러 아직도 한 가닥 희망의 끈을 놓지 못하는 백성들 속마음을 그려 낸다. 이보다 더 치열한 현실 이야기가 또 있을까.

아기장수 이야기가 권력 앞에 주눅 든 나약한 백성들 모습을 그렸다면, '범아이'는 가부장제도의 폭력 앞에 짓눌린 여성의 현실을 그린 이야기다.

옛날 옛적 어느 곳에 게으름뱅이가 살았어. 아침 먹고 나무하러 산에 가면 하루 종일 놀다가 그냥 오고, 그다음 날도 나무하러 간다고 산에 가서는 빈둥빈둥 놀다가 빈 지게로 돌아오고, 날마다 이러고 살았지.

하루도 나무하러 가서 그렇게 놀고 있는데, 난데없이 호랑이 한 마리가 턱 나타나서 수작을 하네.

"나 사위 삼으면 나무 한 짐 해 주지."

마침 이 게으름뱅이한테 나이 찬 딸이 하나 있었거든. 나무 한 짐 해 준단 말에

귀가 솔깃해서 그만 허락을 해 버렸네. 그랬더니 호랑이가 눈 깜짝할 새에 나무 한 짐을 해 줘. 좋아라 하면서 짊어지고 집에 왔지.

아, 그런데 그날 밤에 호랑이가 와서 딸을 냉큼 업어 가는구나. 하릴없이 딸은 호랑이한테 업혀 가게 됐어. 산속 깊은 곳, 사람 발길도 안 닿는 곳에 가서는 호랑이 아내가 돼서 살았지.

살다가 아들을 하나 낳어. 낳고 보니 얼굴은 사람인데 몸뚱이는 호랑이야. 이름을 범아이라고 지었지.

범아이가 커서 예닐곱 살 됐을 때, 하루는 색시가 친정에 가고 싶어 울었어. 아무리 친정엘 가고 싶어도 갈 수가 있어야지. 호랑이 남편이 집 밖엘 못 나가게 하니까 말이야. 그래서 울고 있는데, 범아이가 그걸 보고 가만히 일러 줘.

"엄마, 외갓집에 가고 싶거든 나 하라는 대로만 해. 엄마 손가락 깨물어서 피를 내. 피를 내서 방에 한 방울, 부엌에 한 방울, 뒷간에 한 방울, 우물가에 한 방울 떨어뜨려."

범아이가 시키는 대로 했지. 손가락에 피를 내서 방에 한 방울, 부엌에 한 방울, 뒷간에 한 방울, 우물가에 한 방울 떨어뜨렸어. 그러고 나니 범아이가 제 등에 올라타래. 올라탔지. 그랬더니 쏜살같이 냅다 달리는 거야.

이때 호랑이 남편이 집에 왔어. 와 보니 아내도 없고 아들도 없거든.

"범아이야!"

부르니까 방에서 소리가 들려.

"나 방에 있어."

방에 들어가 보니까 없어.

"범아이야!"

부르니까 이번에는 부엌에서 소리가 들려.

"나 부엌에서 밥해."

부엌에 가 보니까 없어.

"범아이야!"

부르니까 이번에는 뒷간에서 소리가 들려.

"나 뒷간에서 똥 눠."

뒷간에 가 보니까 없어.

"범아이야!"

부르니까 이번에는 우물에서 소리가 들려.

"나 우물에서 물 길어."

우물에 가 보니까 없어.

호랑이 남편이 그제야 속은 것을 알고 막 따라와. 힘이 세니까 걸음도 빠르지. 곧 잡히게 생겼는데, 마침 앞에 큰 개울이 하나 나타나네. 개울만 건너면 사람 사는 마을이야.

"이제 엄마 혼자서 건너가."

"왜? 너도 같이 가자."

"안 돼. 난 아버지 가죽을 입어서 못 가."

"그럼 너 보고 싶으면 어떡해?"

"이 개울 건너 북쪽으로 세 고개 넘어 큰 바위 밑으로 오면 나 만나지."

"알았다. 꼭 너 찾아가마."

색시 혼자서 개울을 건너갔지. 이때 호랑이 남편이 따라왔어. 따라와서 막 개울을 건너려고 해. 이리로 건너뛸까 저리로 건너뛸까 하는데 범아이가 호랑이한테 일러 줬어.

"아버지, 거긴 깊고 여긴 얕아."

얕은 곳은 깊다 하고 깊은 곳은 얕다 했지. 호랑이가 그 말을 곧이듣고 펄쩍 건너뛰다가 풍덩 빠졌어. 깊은 데 빠져서 못 나오고 죽었어.

그래서 색시는 무사히 친정에 돌아왔지. 와 보니 아버지는 죽고 어머니는 꼬부랑 할머니가 돼 있더래. 어머니하고 살다가, 하루는 아들이 보고 싶어서 갔지. 개울을 건너 북쪽으로 세 고개 넘어 큰 바위 밑으로 갔어.

가 보니 글쎄 범아이가 거기서 빼빼 말라서 죽어 있더래. 어머니 주려고 도토리랑 산밤이랑 잔뜩 주워다 놓고, 그냥 거기서 굶어 죽었더래.

이 이야기에서 게으름뱅이는 나무 한 짐에 눈이 멀어 호랑이한테 딸을 팔아먹는다. 그리고 호랑이는 아내를 가두어 두고 꼼짝 못하게 한다. 둘 다 가부장 사회 속 무능과 폭력에 찌든 남성상이다. 약자인 여성이 손을 내밀 곳은 단 하나, 자식밖에 없다. 하지만 자식은 어머니 얼굴과 아버지 몸을 타고났다. 어머니와 함께 자유를 찾아 외갓집에 가고 싶지만 '아버지 가죽을 쓰고 있어서' 갈 수가 없다. 아들이 아버지의 모든 것을 물려받는 가부장 사회에서 이것은 도저히 뛰어넘을 수 없는 벽이다. 여기서부터 비극이 시작된다.

범아이는 끝내 어머니를 친정에 보내고 아버지를 죽음으로 내몬다. 그리고 어머니를 기다리며 굶어 죽는다. 세상에 이보다 더 슬픈 일이 일어날 수 있을까. 모든 비극은 처음부터 잘못된 혼인에서 비롯되었다. 당사자의 뜻이 철저하게 무시된 혼인은 '사람 얼굴과 호랑이 몸을 한' 어색한 관계를 만들 수밖에 없고, 그 부자연스러운 관계를 이어 가기 위해서는 폭력이 뒤따를 수밖에 없다. 이른바 '삼종지도'라 하는, 여성에 대한 억압이 가부장 사회를 떠받치는 기둥이 된 내막이 이러하다. '범아이'는 바로 이 부조리에 온몸으로 저항하는 이야기인 셈이다.

　이로써 우리는 옛이야기가 두 가지 얼굴을 가진 속내를 알게 되었다. 두 얼굴이란 현실 거꾸로 뒤집기와 바로 비추기며, 그것은 넘치는 상상력과 치열한 현실 의식이 빚은 '한 기둥 두 가지'다. 하나는 꿈을 따르고 하나는 현실을 따르지만, 이 둘은 모순이 아니라 조화다. 고단한 현실은 상상의 힘으로 벗어날 수 있다. 그것이 비록 어려움을 잠깐 잊는 데 지나지 않는다 하더라도, 그 쓸모조차 부정할 수는 없을 게다. 하지만 옛이야기의 또 다른 얼굴은 현실을 거짓 없이 똑바로 비추어서 부조리한 세상에 정면으로 맞선다. 이 둘이 함께 있기에 이야기는 너무 가벼워지지도, 너무 무거워지지도 않으며 균형을 잡는 것인지도 모른다.

백성답기와 그렇지 않기

옛이야기의 특권, 약자 편들기

토끼와 호랑이가 나오는 옛이야기를 들은 적이 있는가? 그렇다면 이런 이야기에서 토끼와 호랑이가 사이좋게 지내는 일은 거의 없다는 것도 알 것이다. 어떤 모습으로든 겨루어 둘 중 하나는 지게 된다는 것도 쉽게 짐작할 수 있다. 누가 이기고 누가 지겠는가? 잘 알다시피 토끼가 이기고 호랑이가 진다. 어떻게 겨루든 어떤 일이 일어나든 상관없이 마지막에 이기는 건 언제나 토끼 쪽이다.

왜 그럴까? 두말할 나위도 없이 토끼가 약자이기 때문에 그렇다. 약자이기 때문에, 오히려 토끼가 호랑이를 이긴다는 것은 현실 세상에서는 상상조차 할 수 없는 일이다. 하지만 옛이야기 세상에서는 언제나 약자가 이긴다. 형제가 나오는 이야기에서 늘 아우가 주인공인 까닭이 무엇일까? 형제뿐 아니라 삼형제나 일곱 형제, 아니 열두 형제라 해도 마찬가지다. 언제나 주인공은 막내며, 막내는 욕심 많은 형들과 달리 착하고 슬기로워 온갖 어려움을 이겨 내고 끝내 행운을 거머쥐는 것이다. 왜? 아우는 형에 견주어 약자이기 때문이다.

겨룸틀(대결 구조)을 지닌 이야기에서 어른과 아이가 나오면 언제나 아이가 이기고, 주인과 머슴이 나오면 예외 없이 머슴이 이기는 것도 같은 이치다. 스님과 상좌가 어떤 일로 부딪치면 열에 아홉은 상좌가 이기며, 원님과 이방이 무슨 일로 티격태격하면 보나 마나 이방이 이긴다. 그런데 만약에 원님이 자기보다 더 강하고 높은 사람을 상대한다면 원님이 이긴다. 원님이 어린아이고 상대가 엉큼한 어른 아전이기라도 하면 십중팔구 원님 쪽이 이기는 것이다.

요컨대 옛이야기는 언제나 약자 편을 든다. 이 법칙은 너무나 굳건해서 예외가 없다. 도대체 왜 옛이야기 주인공은 언제나 약자인가? 여기에는 그만한 까닭이 있다. 먼저, 그래야지만 듣는 이가 주인공과 자기를 동일시하기 쉬워진다. 동일시는 곧 주인공에게 친근감이나 일체감을 느끼는 것이며, 이는 바로 '대신 겪기'를 가능하게 하는 바탕이 된다. 주인공이 자기보다 강하고, 게다가 나쁜 인물이라고 가정해 보아라. 어느 누가 그런 주인공을 자기 분신으로 여길 것인가? 옛날부터 이야기를 만든 백성들이 자기를 핍박받는 약자로 여겼음도 헤아릴 필요가 있다. 늘 억눌려 살던 백성들은 어느 모로 보나 자기와 비슷한 약자를 주인공으로 내세워 이야기를 즐겼음 직하다.

우리가 아는 옛이야기 가운데는 하찮은 백성이 버슬아치가 얼토당토않게 트집을 잡자 슬기로 꺾는다는 줄거리를 가진 것들이 있다. 이를테면 한 백성에게 고을 원이 "낮도 아니고 밤도 아닌 날에 옷도 아닌 옷을 입고 말도 아닌 말을 타고 오라"고 시킨다. 그 일을 못 하면 죽이겠다는 것이다. 이

억지 명령 앞에 힘없는 백성이 집에 돌아와 이불을 뒤집어쓰고 눕는 것은
당연하다. 이때 백성보다 더 약한 아들(딸)이 나타나 보기 좋게 문제를 풀
어낸다. 어스름 저녁에 누더기를 걸치고 당나귀를 타고 원 앞에 나타나 이
렇게 말한다. "지금이 낮입니까, 밤입니까? 제가 입은 것이 옷입니까, 옷
아닙니까? 타고 온 것이 말입니까, 말 아닙니까?" 원이 아무 말 못 하고 백
성을 놓아주었음은 물론이다.

옛이야기 속에서 약자가 강자에 맞서 다투는 경우, 그 허물은 열이면 열
강자 쪽에 있다. 대체로 강자가 당치 않은 욕심을 부려 약자 삶을 위협해서
싸움이 일어난다. 이를테면 '꼬리 잘린 호랑이'에서 호랑이는 토끼를 만나
자마자 자기 배를 채우기 위해 상대를 잡아먹으려고 한다. 토끼 처지에서
는 자기 목숨을 지키려면 어떻게든 맞서 싸우는 수밖에 없다. 그러니 이 싸
움은 처음부터 공평하지 않다. 먼저 토끼는 결코 힘으로 호랑이를 이기지
못한다. 게다가 호랑이는 지더라도 한 끼 먹이를 놓치면 그만이지만 토끼
는 지는 순간 목숨을 잃게 된다. 토끼가 꾀를 써서 호랑이를 속이는 것은
이 경우 어쩔 수 없는 방책이다. 우리가 토끼의 얄팍한 속임수를 나무라는
대신 거기 넘어가 낭패를 당하는 호랑이를 보고 즐거워하는 까닭이 여기에
있다.

때때로 약자들은 힘을 모아 강자의 횡포에 맞서기도 한다. '팥죽 할멈과
호랑이'에서 팥죽 할멈은 여러 이웃한테 도움을 받아 호랑이를 물리친다.
그 이웃이라는 게 이렇다. 자라, 밤톨, 맷돌, 쇠똥, 지게, 멍석…… 사나운
호랑이에 견주면 도무지 힘이라고는 없어 보이는 이 하찮은 것들이 모여
거뜬히 호랑이를 물리친다. 힘을 모은 덕분이다. 흩어져 있을 때는 지푸라
기처럼 보잘것없는 약자의 힘도 한데 뭉치는 순간 이 세상 어느 것도 당할

수 없을 만큼 커지나 보다.

슬기가 곧 힘이다

약자는 강자와 겨룰 때 섣불리 힘을 써서는 안 된다. 그래서는 제대로 겨뤄 보지도 못하고 져 버릴 테니까. 힘으로 안 될 때는 꾀를 써야 한다. 꾀를 쓰되 상대가 제 꾀에 넘어가 꼼짝없이 물러서지 않으면 안 될 상황을 만드는 것이 최선이다. 강자가 스스로 싸움을 그치고 물러서기만 하면 약자 처지에서는 이긴 것이나 다름없다.

우리 옛이야기 가운데 꾀와 슬기를 다룬 이야기가 많은 까닭이 여기에 있다. 옛이야기를 만든 백성들에게 무슨 힘이 있었겠는가? 힘이 있다면 일할 때 쓰는 떡심 뚝심밖에 없었을 터. 이런 사람들이 어려움에 부딪쳤을 때 무엇으로 맞서야 할까? 슬기는 힘없는 백성들이 가진 단 하나뿐인 무기였다.

'시부모 길들이기'라는 이야기가 있다. 어느 마을 부잣집에 며느리가 들어오면 한 달을 못 넘기고 쫓겨났다. 깐깐하고 시시콜콜 법도 따지기 좋아하는 시부모 등쌀을 견뎌 낼 재간이 없었던 까닭이다. 그런데 어느 가난한 집 처녀가 제 발로 그 집에 들어간 뒤 보기 좋게 시부모 버릇을 고쳐 놨다. 시부모보다 더 깐깐하게 법도를 따져서 시부모가 제풀에 나가떨어지게 만든 것이다. 이를테면 제삿날만 되면 법도라면서 시부모에게 하루 종일 쌀을 말리라고 시키고, 새 음식을 장만할 때마다 새 칼도마를 사 달라고 보챘다. 드디어 시부모는 두 손 두 발 다 들었다. "아이고 애야, 다 집어치워라. 그놈의 법도인지 무엇인지 아주 신물이 난다. 우리는 이제 법도의 법자도 안 꺼낼 테니 너도 그런 말일랑 아예 입 밖에 내지 마라." 이렇게 해서 집안에는 평화가 찾아왔다.

반상 차별이 심했던 옛날, 양반들 거드름에 비위깨나 상했을 백성들은 이따금 이야기 속에 그것을 갚기 위한 장치를 마련해 놨다. '양반 업은 값' 또한 그런 이야기다.

옛날에 한 머슴이 길을 가다가 개울을 건너게 됐어. 마침 장마 끝이라 물이 불어서 건너자면 옷깨나 적시게 생겼지. 그러나 마나 바짓가랑이를 걷고 막 개울을 건너려는데, 옆에 있던 양반 하나가 수작을 거네. 새 옷을 잘 차려입은 양반이 거드름을 피워 가며 하는 말이,

"여보게, 그 쓸모없는 힘 좀 쓰고 돈 벌어 볼 생각 없는가?"

이러거든.

눈치 빠른 머슴이 벌써 무슨 수작인지 속셈을 꿰었지마는 짐짓 모르는 척 딴전을 피웠어.

"세상에 돈 싫어하는 사람은 없을 테나, 저는 무식해서 무슨 말인지 한마디도 못 알아듣겠습니다."

"그럴 테지. 참새가 어찌 봉의 말을 알아듣겠는가. 내 알아듣게 말을 하지. 자네가 나를 업어다가 개울을 건네 주면 그 삯으로 돈을 주겠다, 이 말일세."

"진즉 그렇게 말씀을 하시지요. 그래, 얼마를 주실 작정입니까?"

"엽전 반 푼이면 족하겠지마는 돈을 쪼갤 수는 없는 노릇이니 내 큰맘 먹고 한 푼 줌세."

들어 보니 거드름뿐 아니라 인색도 덕지덕지 묻은 양반이거든. 달랑 한 푼을 치면서 무슨 큰 선심이나 쓰듯이 큰맘 먹었느니 어쩌니 하는 걸 보니 말이야. 그런데 그 소릴 듣고도 머슴은 아무 말도 않고 그 양반을 들쳐 업었어.

들쳐 업고 가다가 개울 한복판에 이르러 걸음을 딱 멈췄지. 그러고는 슬슬 일을 꾸미는 거야.

"샌님, 안됐지만 여기서 내리셔야겠습니다."

등에 업힌 양반, 얼굴이 그만 하얗게 질리지. 흙탕물 벌건 개울 한가운데에서 다짜고짜 내리라니 안 그렇겠어?

"아니, 이 사람아. 그게 무슨 소린가?"

"지금 제 발밑에 큰 잉어가 한 마리 깔렸습니다. 이놈을 잡으려면 손을 써야 할 것인데, 사람을 업고서야 어찌 손을 쓰겠습니까?"

"아니, 그까짓 잉어가 대수야? 사람부터 업어 건네야지."

"아니지요. 등에 업은 샌님은 한 푼짜리지만 발밑에 깔린 잉어는 줄잡아도 닷 냥짜리니 잉어가 대수지요."

이쯤 되니 몸이 다는 건 양반 쪽이지.

"이 사람아, 아무리 그래도 그렇지, 여기서 내리라는 게 말이 되나? 여기서 내리면 옷 적시는 건 둘째 치고 자칫하면 흙탕물에 휩쓸려 황천 가게 생겼단 말일세."

"그거야 제가 알 바 아니지요. 저는 그저 돈 벌려고 하는 일인데, 한 푼짜리 사람을 업어 건네려고 어찌 닷 냥짜리 잉어를 놓치겠습니까?"

이쯤 되면 제아무리 인색한 노랑이라도 흥정을 안 할 도리가 없거든.

"그래, 그래. 알았네. 내 돈을 더 낼 터이니 어서 가세."

"얼마를 더 내시렵니까?"

"두 푼 냄세."

"어허, 샌님도 셈을 할 줄 안다면야 어찌 그런 말씀을 하십니까? 그래, 두 푼을 보고 닷 냥을 버리란 말씀입니까?"

"알았네, 알았어. 내 닷 푼 넴세."

"안 됩니다."

"그러면 내 큰맘 먹고 한 냥 넴세. 그러니 딴말 말고 어서 가세."

"안 되지요."

"아이고, 여보게. 그러지 말고 나 좀 살려 주게. 내 석 냥 낼 터이니 그놈의 잉어랑 제발 잊어버리고 가세나. 내 이렇게 비네."

머슴이 그제야 못 이기는 체하고 발걸음을 옮기면서,

"어허, 오늘 참 손해가 많은걸. 닷 냥짜리 잉어를 놓아주고 석 냥짜리 사람을 업고 가니 이런 오그랑장사가 또 어디에 있나."

하더라는 이야기.

이 이야기는 우리에게 시원한 웃음을 선사한다. 언뜻 보면 머슴의 꾀가 능글맞아 좀 지나치다 싶을지 모르나, 따지고 보면 양반의 부당한 대우에 맞서 자기를 지킨 슬기였다. 처음부터 양반이 튼 거래는 지나치게 인색하여 부당한 것이었다. 게다가 양반은 쓸모없는 힘이니 참새가 어쩌니 하며 애먼 사람 욕까지 보였다. 이 경우 머슴이 정색을 하고 양반에게 따지거나 제안을 물리치는 것은 슬기로운 일이 아니다. 만약 그랬다가는 어떤 화를 당할지 모르니까.

그러니 머슴이 꾸민 일은 정당했다. 양반이 제 입으로 돈 석 냥을 내기로 약속한 만큼 뒤탈 없이 깨끗한 승리를 거둔 셈이다. 양반으로서는 떨떠름하고 께름칙하지만 그렇다고 대놓고 뭐라 할 수도 없게 됐다. 이것이 슬기에 담긴 힘이다.

가난한 노총각이 부잣집 색시에게, 여염 총각이 양반집 처녀에게 장가드는 이야기에도 묘한 꾀가 한몫을 한다. 다른 일도 아니고 장가드는 일에서 가난과 낮은 신분은 도저히 넘을 수 없는 벽처럼 보인다. 그러나 이때도 슬기는 모든 것을 가능하게 한다. 솔개에 등을 매달아 하늘로 띄우며 옥황상제 조화인 것처럼 속이는 능청이나, 말 한마디로 장인 될 사람을 홀리는 재주도 결코 밉지 않다. 약자가 자기를 구하되 절박하지 않고 강자와 한판 겨루되 각박하지 않다. 무더운 여름날 찬물 한 모금처럼 시원할 뿐이다.

민중 속 반민중성

이렇듯 옛이야기에는 백성들이 스스로를 본떠 그린 약자의 모습이 날것 그대로 들어 있다. 그러나 그것이 다는 아니다. 우리는 때때로 옛이야기 속에 은근히 숨어 있는 강자의 논리를 발견한다. 지나친 가부장 의식이나 성차별 의식 또는 신분 낮은 이들에 대한 편견 들이 그것인데, 이런 생각이 은연중 이야기 속에 스며들어 한 흐름을 이루기도 한다.

'지붕에 올라가는 송아지'는 바로 그런 이야기의 본보기가 될 듯하다. 줄거리인즉, 김 서방과 이 서방이 이웃해 사는데, 김 서방네 집은 늘 웃음이 떠나지 않고 이 서방네 집은 늘 다투는 소리가 떠나지 않았다. 하루는 이 서방이 김 서방을 찾아가 집안이 그렇게 화목한 비결이 뭐냐고 물었다. 김 서방은 대답한다. "내가 하는 것을 잘 보게." 그리고 식구들을 불러 명령한다. "송아지를 지붕에 끌어올려라." 식구들은 한마디 대꾸도 없이 송아지를 지붕에 끌어올리려 한다. "잘 보았는가? 이것이 집안 화목의 비결일세." 식구들이 가장의 명령에 무조건 복종하기만 하면 집안이 화목하다고 하는, 이러한 가르침은 지나치게 사나워 보인다.

사나운 색시 길들이는 이야기도 그렇다. 성질이 사나워 시집 못 간 노처녀에게 한 총각이 자청해서 장가를 든다. 그리고 첫날밤에 조청으로 이불을 더럽혀 신부가 실수를 한 것처럼 꾸민다. 신랑은 아무에게도 소문을 내지 않겠노라 다짐하지만, 바로 그 구실로 신부 기를 누르고 고분고분하게 만들어 데리고 산다. 여기서 우리는 조금 미심쩍은 생각이 든다. 사나운 색시는 길들여야 할 대상이고, 색시를 길들인 남편은 슬기로운 사람인가? 우리는 아직 그와 반대로 사나운 남자를 고분고분하게 길들여 데리고 사는 아내 이야기는 들어 보지 못했다. 남자가 지닌 사나움은 때때로 용기라고 여겨 칭송하지 않던가.

그뿐 아니다. 우리 옛이야기 가운데는 여자에게 비밀을 말해 주었다가 동네방네 떠들고 다니는 바람에 집안이 망했다는 이야기(조동일 외, 〈한국구비문학대계〉 별책부록(1) 《한국설화유형분류집》 644쪽), 상놈은 근본이 미천하여 양반 행세를 해도 금세 들통 나고 만다는 이야기(같은 책, 645쪽)도 있다. 심지어 가문의 명예가 사람 목숨보다 중하다고 말하는 것도 있는데, 대체 어떤 이야기가 그럴까?

옛날에 박문수가 어사 돼서 삼남을 도는데, 한번은 날이 저물어 어느 마을 큰 기와집에서 하룻밤 자게 됐어. 그 집이 어떤 집인고 하니 윗대부터 높은 벼슬도 하고 재산도 많은 양반집이야. 마침 그 집 아들이 청춘에 죽어서 과부 며느리 혼자 후원 별당에 살았지.

박문수가 밤중에 달은 휘영청 밝고 잠은 안 오고 해서 바깥에 나가 한 바퀴 돌았어. 돌다가 보니 후원 별당 담장에 뭐 시커먼 것이 어른어른하거든. 저것이 무엇인고 싶어서 살금살금 가까이 가서 엿봤지. 보니까 웬 남정네가 담을 넘어 들어오더래.

들어오더니 후원 별당 과부 며느리 방에 썩 들어간단 말이야. 아, 낯선 외간 사내가 양반집 청상과부 방에 들어가니 이게 어디 예삿일이야? 이상한 생각이 들어서 문에 귀를 대고 엿들었지. 들어 보니까 일이 나긴 났어. 둘이서 두런두런 얘기를 하는데,

"오늘이라도 나랑 도망갑시다."

"남편 삼년상도 안 끝났는데 어찌 가요? 상이나 다 치르거든 가지요."

이러거든.

박문수가 들어 보니 괘씸하기 짝이 없단 말이야. 명색 양반집 과부 며느리가 야반에 도망을 가려 하다니, 그러면 어떻게 돼? 그게 참 양반집 체면에 낯을 들고 다닐 수 없는 일이거든. 박문수가 가만히 생각을 해 보니 이걸 누가 알기라도 하는 날에는 큰일이겠어.

그래 그길로 방에 들어가서 두 사람을 단칼에 죽였어. 죽이고는 며느리 손에 장도 하나 떡 쥐여 놓고 나왔지. 그래 놓고 아무 말 없이 들어와 자고, 그 이튿날 새벽같이 길을 떠나 버렸어.

아침이 돼서 집안 사람들이 며느리 방에 가 보니 참 험한 일이 벌어져 있단 말이야. 그걸 보고 하인들이 다들 어떻게 말을 하는고 하니,

"아이고, 도둑놈이 아씨 방에 들어와서 나쁜 짓 하려다가 아씨 손에 죽었구나."

"아씨는 정절을 지키려고 자진했구나."

이렇게 됐어.

그 소문이 퍼져서 임금님까지 알게 됐지. 임금님은 그 집 며느리가 열녀라고 홍살문을 내리고, 그 집 식구들한테 높은 벼슬을 내려 줬다는 거야.

이야기는 은근히 박문수의 슬기를 떠받들고 있다. 못된 며느리를 거꾸로 열녀로 만들어 망해 가는 집안을 일으켜 놓았으니 얼마나 묘한 일이냐고 칭찬하는 것이다. 그런데 박문수가 한 행동은 정말로 칭찬받을 만한가? 그 집 앞 홍살문이 과연 두 사람 목숨과 맞바꿀 만큼 중한가? 이 물음에 이야기는 망설임 없이 "그렇다"고 답하면서 양반사대부 지배층 편이 된다. 그래서 과부 개가 금지 같은 답답한 유교 이념을 억압으로만 보았던 일반 백성들을 서슴없이 등졌다.

이 이야기에 담긴 생각이 백성들 것이 아님은 누구나 알 수 있다. 가문의 명예니 정절이니 하는 것은 백성들을 다스리는 힘센 사람들이 떠받들던 것이다. 충효와 정절, 남존여비와 삼종지도 같은 '강자의 윤리'는 지배층이 백성들을 길들이는 데 매우 쓸모 있는 이념이었다. 권력은 끊임없이 이러한 이념을 도덕으로 포장하여 백성들 마음속에 집어넣었다. 그렇게 백성들 삶을 옭아매려 했다. 이념이 이야기 속까지 스며든 것이다.

백성들이 만든 이야기에 백성답지 않은 생각이 도사리고 있다니, 도대체 이 어긋남을 어떻게 이해해야 할까? 이 수수께끼를 푸는 열쇠는 백성들 생각과 삶의 이중성에서 찾을 수 있다. 백성들은 스스로 약자임을 깨닫고 약자 편에 서면서도, 오랫동안 자기를 짓누른 강자의 논리를 쉽게 벗어던지지 못하였다. 다시 말해 한편으로 현실의 모순과 부조리를 깨뜨리려 하면서도, 다른 한편으로는 자기도 모르는 사이 그 모순과 부조리에 이미 물들어 있었던 것이다. 앞엣것이 자연스러운 자각이라면 뒤엣것은 어쩔 수 없는 패배인데, 이것이 민중성과 반민중성이라는 '양날의 칼'로 이야기 속에 나타난 셈이다.

또 말이야기와 글이야기가 서로 영향을 주고받았다는 사실도 눈여겨볼

만하다. 민간에 떠돌던 말이야기는 여러 차례 지배층 손에 거두어져 글이
야기로 모습이 바뀌었고, 그렇게 바뀐 이야기는 다시 말이야기에 영향을
주며 전승되어 왔다. 말을 글로 옮기는 과정에서 은연중 글을 쓴 지배층 시
각이 스며들고, 백성들은 그것을 의식하지 못한 채 다시 말로 이야기를 전
했을 가능성은 충분하다.

옛이야기 속에 스며든 반민중성, 따지고 보면 그것조차도 옛날 백성들이
남긴 뜻있는 유산일 수 있다. 우리는 이것을 주의 깊게 가려내야 하지만, 덮
어놓고 버리거나 숨기려 하기보다는 정직하게 드러내고 아이들에게도 그
대로 보여 주는 게 좋다. 그리하여 우리 아이들이 그 흠결을 꿰뚫어 보고 비
판할 수 있다면, 그것이야말로 옛이야기를 제대로 사랑하는 길이 아니겠는
가. 여기에 대해서는 4장에서 좀 더 자세하게 살펴보려고 한다.

틀에 갇히기와 벗어나기

정직의 틀에 즐겁게 갇히기

옛이야기에 단골로 나오는 주인공 가운데 바보 사위가 있다. 이 어수룩한 인물은 지나치게 고지식해서 도무지 두름성이라곤 없다. 그렇다고 해서 남에게 폐를 끼치거나 해를 입히는 건 아니고, 다만 세상 물정을 몰라 곧잘 엉뚱한 일을 저지를 뿐이다. 뭐든 지나치게 곧이곧대로 해서 남의 속을 답답하게 만드는 것이 흠이라면 흠이다.

뚝배기와 갓을 가리지 못해 뚝배기는 머리에 뒤집어쓰고 갓에 물을 붓는 사위는 그나마 괜찮은 편이다. 콩을 깍지째 먹기에 까서 먹으랬더니 송편을 먹을 때 떡은 까서 버리고 소만 먹었다는 사위도 그저 재미있을 뿐이고, 어머니가 사돈에게 음식을 싸 보내며 "변변찮은 것이니 구경이나 하시라 그래라" 했더니 정말로 잠깐 구경만 시키고 주섬주섬 도로 싸 왔다는 사위도 혀 한번 차고 웃으면 그만이다. 어떤 사위는 평소에 장인이 말 많다고 나무라자 장인 엉덩이에 불이 붙어도 입 다물고 먼 산만 쳐다보더라는데,

이쯤 되면 아무래도 일부러 바보인 척하는 것 같아 조금 얄미워진다.

바보 사위가 재미있으면서도 좀 한심해 뵌다면, 바보 아이 이야기는 그저 흐뭇하기만 하다. 옛날에 어머니 말이라면 뭐든 따르는 고지식한 아이가 있었다. 죽으라면 죽는 시늉까지 하는 판인데, 하루는 돈을 손에 들고 오다가 길에서 잃어버렸다. 어머니가 "돈은 주머니에 넣고 와야지" 했더니, 그 다음번에는 강아지를 주머니에 넣느라고 난리를 피우다가 또 잃어버렸다. 어머니가 "강아지는 끈으로 묶어서 끌고 와야지" 했더니, 그 다음번엔 생선을 끈으로 묶어 질질 끌고 왔다. 이렇게 해서 나중에는 당나귀를 종이에 싸는 지경에 이르렀는데, 마침 지나가던 원님 행차 눈에 띄어 효자라고 상을 받는다는 이야기다.

'비단장수와 장승' 또한 어머니 말을 철석같이 믿고 따르는 아들 이야기다. 비단을 팔러 나서는 아들에게 어머니는 "말 많은 사람에게는 비단을 팔지 마라"고 당부한다. 아들은 비단을 내놓을 때마다 말을 걸어오는 손님들을 피해 다니다가 하루는 장승 옆에서 쉬게 된다. 그런데 장승은 말이 없다. 아들은 아무리 말을 걸어도 대답 한마디 않는 장승이 너무나 믿음직한 나머지 비단을 몽땅 맡기고 집으로 돌아온다. 이튿날 돈을 받으러 장승을 찾아갔다가 장승 발치에 묻혀 있던 금덩이를 발견하여 비단 값을 벌충한다는 이야기다.

이런 주인공들은 지나치게 고지식하여 웃음을 주지만, 결코 놀림감이나 웃음거리가 되지는 않는다. 오히려 융통성 없는 정직함이 끝내 복을 불러온다는 결말이 흐뭇하고 푸근하다. 듣다 보면 누구나 꾀부리지 않는 그 어수룩함에 인간미를 느끼게 될 것이다. 이야기를 만든 옛사람들은 왜 이 모자라는 듯한 사람들에게 아낌없는 애정을 보낸 것일까?

예나 지금이나 꾀와 술수가 활개 치는 세상에서는 정직이 빛을 내는 법이다. 약삭빠르고 능갈맞아 잔재주만 부리는 사람들 틈에선 오히려 너무 정직해서 두름성이라곤 없어 뵈는 고지식한 사람이 돋보인다. 옛날이라고 해서 다를 바는 없었다. "옛날 사람들은 다 순박하고 착했는데, 요새 사람들은 약아서 재주만 잘 부린다. 재주를 부리다 보면 꾀가 생기고, 꾀가 생기면 거짓말을 하게 되고, 거짓말을 하다 보면 속임수를 쓰게 되고, 속임수를 쓰다 보면 세상이 온통 어지러워지는 법이다." 이것은 조선 정조 때 선비 이옥이 쓴 소설 《이홍전》에 나오는 대목이다. 만약 이옥이 오늘날 세태를 본다면 뭐라고 할까?

세상이 어지러울수록 정직의 틀에 스스로 즐겁게 갇히는 일은 필요하다. 어쩌면 고지식하고 융통성 없는 사람 이야기는 정직을 비웃는 꾀쟁이들에게 날리는 화살 같은 것이 아닐까? 바보 사위와 모자라는 아이는 어수룩하여 세상 물정을 모르지만, 오히려 그렇기 때문에 무엇이든 곧이곧대로 하는 용기를 낼 수 있다. 남의 눈치 따위 보지 않고 스스로 정직의 틀에 갇히는 사람, 어쩌면 그것이 오늘날 시대가 바라는 의인일 수도 있다는 생각까지 든다.

하지만 이렇듯 고지식한 사람도 때때로 놀림감이 되는 경우가 있으니, 이를테면 '쇠뿔에 받힌 소금장수' 같은 이가 그러하다. 이 소금장수 또한 너무 고지식하여 아버지가 시키는 대로 하는 것까지는 좋은데, 엉뚱하다 못해 남의 속을 뒤집어 놓으니 탈이다. 초상집에 가서는 소금 사라고 고함을 지르고, 잔칫집에 가서는 아이고 아이고 곡을 하고, 불난 집에 가서는 덩실 덩실 춤을 추고, 싸움 벌어진 데 가서는 물을 끼얹으니 어찌 무사하겠는가. 나중에는 싸우는 두 소 사이에 들어가 화해를 시키려다 뿔에 받히는 신세가 되는데, 이 경우엔 어찌 됐든 남에게 폐를 끼쳤으니 놀림감이 되어도 할 말이 없을 것 같다.

선입견의 틀 벗어나기

여기까지, 틀은 오히려 사람을 사람답게 해 주는 구실을 한다. 정직한 이들은 스스로 우직하게 그 틀 안에 갇히면서, 온갖 잔꾀로 이익을 챙기며 원칙을 비웃는 무리들을 나무라고 경계하였다. 하지만 틀이라고 해서 언제나 옳은 것은 아니다. 만약 어떤 틀이 사람의 생각을 한곳에 묶어 두는 구실을 한다면 그것은 바람직하지 않다. 이런 틀을 우리는 흔히 선입견이라 일컫는다.

선입견은 사람의 생각을 단단하게 묶어 두기 때문에, 새로움을 향해 나아가려 할 때 이따금 발목을 잡는다. 그래서 때로는 편견이 자라는 바탕이 되거나 창조를 막는 걸림돌이 되기도 한다. 이런 틀은 어떻게든 벗어나야 한다. 갇혀 있을 땐 모르지만 벗어나고 보면 얼마나 어리석은 틀인지 알게 되므로. 더구나 자라나는 아이들이 일찌감치 이런 선입견의 틀에 갇히는 것은 불행한 일이다.

'쌀 한 말로 석 달 나기'라는 이야기를 보자. 이 이야기는 며느리 셋이 저마다 다른 방식으로 문제를 풀어 나가는 모습을 보여 준다.

옛날 어떤 집에 아들 며느리 삼형제가 있었는데, 시아버지가 나이를 자꾸 먹으니까 재산을 물려줄 요량을 했어. 그런데 이걸 누구한테 물려줘야 할지 모르겠단 말이야. 살림은 아들보다 며느리가 잘할 테니, 가장 궁량이 넓고 야무진 며느리한테 물려주고 싶거든. 그런데 며느리 셋 중에 누가 나은지 도무지 알 수가 없네.

그러다가 한번은 시아버지가 먼 길을 가게 됐어. 가서 석 달 뒤에나 돌아오게 됐지. 그래서 시아버지가 이참에 세 며느리 궁량을 시험이나 해 보자고 마음먹었어. 곳간에서 쌀 서 말을 퍼내다가 세 며느리한테 각각 한 말씩 나눠 줬지. 그러고는 단단히 일렀어.

"애들아, 잘 들어라. 나는 지금 가서 석 달 뒤에나 돌아올 것이니, 내가 돌아올 때까지 이 쌀 한 말씩을 가지고 살도록 하여라. 무슨 수를 쓰든지 이 쌀 한 말로 석 달을 버텨야지, 쌀을 한 줌이라도 더 써서는 안 되느니라."

그래 놓고 시아버지는 가 버렸어. 남은 세 며느리는 그때부터 쌀 한 말을 가지고 석 달을 살 궁리를 하느라고 야단이 났지.

큰며느리는 어떻게든 쌀을 아껴 먹을 궁리만 했어.

"쌀 한 말로 석 달을 버티자면 한 달에 서 되 서 홉씩만 먹고 살아야겠네. 그러자면 하루에 먹는 쌀이 한 홉을 넘겨서는 안 되겠구나."

이렇게 셈을 놓아서, 쌀을 한 홉씩 봉지에 넣어 천장에 주렁주렁 매달아 놨지. 그래 놓고 하루에 한 봉지씩만 떼 내어 밥을 해 먹고 사는 거야. 그러자니 날마다 멀건 죽만 끓여 먹고 살아. 안 그러고는 쌀 한 말로 석 달을 버틸 재간이 없으니까 말이야. 그러느라고 큰며느리네 식구들은 아주 죽을 고생을 했지.

둘째 며느리는 쌀 말고 다른 걸 먹고 살 궁리를 했어.

"아버님이 쌀을 한 말만 가지고 석 달을 살랬지, 다른 걸 먹지 말란 소리는 안 했겠다. 쌀 말고 먹을 수 있는 걸 구해다 먹으면 되겠구나."

이렇게 생각하고, 날마다 온 식구가 산에 들에 나가 먹을 만한 걸 닥치는 대로 구해 왔어. 풀뿌리도 캐고, 나무 열매도 따고 해서 그걸 먹고 사는 거야. 쌀은 사흘에 한 번 닷새에 한 번씩 조금씩 퍼내어 밥을 해 먹고, 나머지는 늘 딴 걸 먹고 살았지. 그러느라고 둘째 며느리네 식구들도 고생이 이만저만이 아니었어.

그런데 막내며느리는 첫날부터 쌀 한 말을 다 퍼내어서 그걸로 떡을 했어. 쌀 한 말을 몽땅 찧어서 떡을 해 놓으니 아주 푸짐하지. 그걸 보고 다른 사람들은,

"아이쿠, 저렇게 살림을 헤프게 살다가는 열흘도 못 버티겠는걸."

하고 걱정을 했지만, 정작 막내며느리는 태연해.

어쩌나 했더니 그 떡을 함지에 넣어 이고 장에 가는 거야. 장에 가지고 가서 파는 거지. 떡을 죄다 파니까 쌀 한 말 값을 빼고도 돈이 좀 남거든. 그걸 가지고 또 쌀을 샀어. 그걸로 또 떡을 해서 내다 팔았지. 그렇게 떡을 해서 내다 팔고, 남는 돈으로 또 떡을 해서 내다 팔고, 이렇게 하니까 돈이 점점 모이거든. 쌀 한 말은 고스란히 그냥 남고, 떡 팔아서 번 돈으로 이제 살림을 하는 거야. 쌀을 사서 밥도 하고 고기를 사서 국도 끓이고, 이렇게 해서 배불리 먹으면서 산단 말이야. 그러니 막내며느리네 식구들은 고생 한번 안 했지.

석 달이 지나 시아버지가 집에 돌아와 보니 세 집 식구들 얼굴이 다 딴판이거든. 큰며느리네는 온 식구가 굶느니 먹느니 하느라고 부황이 들어서 죄다 얼굴이 누렇게 떠 있어. 둘째 며느리네는 온 식구가 풀뿌리 캐고 나무껍질 벗기러 다니느라고 죄다 얼굴이 새카맣게 탔어. 그런데 막내며느리네는 온 식구가 아주 부옇게 살이 올라 있네. 어찌된 일인가 물어 보고 들어 보니 앞뒤 사정을 다 알겠단 말이야.

"옳거니, 이제 보니 막내며느리 궁량이 으뜸이로군."

하고, 재산을 모두 막내며느리한테 물려줬지.

막내며느리는 그 뒤에 시아버지한테 물려받은 재산을 더 많이 늘려서 아주 부자가 됐어. 그래서 재산을 큰집 둘쨋집에도 많이 나누어 주고, 그렇게 우애 있게

잘 살더라는 이야기야.

이 이야기는 우리에게 선입견을 벗어나라고 말한다. 세 며느리가 한 일을 다시 견주어 보자. 맏며느리는 쌀 한 말을 석 달 아흔 날로 나누어 하루 한 홉씩 죽을 끓여 먹었다. 무척 고지식하고 어찌 보면 정직한 방법이다. 그러나 "쌀 한 말로 석 달을 버티라"는 말을 곧 "석 달 동안 쌀 한 말만 먹고 살라"는 뜻으로 알아들었기 때문에 그 선입견에 갇혀 한 발짝도 앞으로 나아가지 못했다. 둘째 며느리는 풀뿌리와 나무껍질을 구해다가 쌀죽과 함께 끓여 먹었다. 생각을 조금 넓혀 선입견에서 벗어나려고 했지만 또 다른 울타리에 갇히고 말았다. '어쨌든 쌀은 먹는 것'이라는 선입견이 그것이다. 그런데 막내며느리는 쌀 한 말을 밑천으로 떡장사를 해서 먹고살았다. 모든 선입견에서 온전히 벗어나 새로운 길을 찾은 셈이다. 쌀을 양식이 아니라 장사 밑천으로 보았기에 가능한 일이다.

비슷한 이야기로 '볍씨 한 알'도 있다. 여기서도 며느리 셋은 시아버지한테 볍씨 한 알씩을 받는다. 어떻게 했을 것 같은가? 맏며느리는 당장 내버렸고 둘째 며느리는 까먹어 버렸지만, 막내며느리는 그걸 미끼로 참새를 잡았다. 곧 참새는 병아리가 되고, 병아리는 어미닭이 되고, 닭은 돼지가 되고, 돼지는 소가 되어 큰 살림 밑천이 되더라는 이야기다. 보기에 따라서 너무 재물을 밝히는 것 같기도 하겠지만 어쨌든 하찮은 것을 하찮게만 보지 않는 눈길이 새롭다. 이런 이야기들은 우리에게 선입견의 틀을 벗어나면 새로운 세상이 열린다는 것을 가르친다.

정직의 틀이 스스로 즐겁게 갇힐 만한 것이라면 선입견의 틀은 벗어나야 할 굴레다. 생각을 가두는 틀에서 벗어날 때 사람은 비로소 자유로워질 수 있는 법이니까.

억압의 틀 부수기

지금까지 살펴본 틀은 모두 사람이 스스로 갇히거나 벗어날 수 있는 것이다. 정직의 틀은 스스로 갇힐 만한 것이고, 선입견의 틀도 마음만 먹으면 언제든지 벗어날 수 있는 '생각의 굴레'일 뿐이니 말이다. 정말로 심각한 것은 아무리 벗어나고 싶어도 벗어나지 못하는 틀이다. 사람이 만든 틀 가운데 가장 답답하고 괴로운 것, 인습 또는 도덕의 탈을 쓴 억압의 틀이다. 옛 유교 사회에서 백성들을 꼼짝 못하게 묶어 놓은 갖가지 차꼬가 바로 그것이다.

특히 신분이 낮은 백성들과 아이들, 여자들 같은 약자에게 유교 도덕이 들씌운 틀은 야만스러운 것이었다. 반상 차별, 서얼 차별, 서북 차별은 그만두고라도 '삼종지도'나 '칠거지악'으로 나타나는 여성 차별에 이르면 그 말을 듣는 것만으로도 숨이 턱 막힌다. 여성에게만 정절을 강요해 과부 개가 금지 같은 올가미를 만들었고, 그 올가미는 저항을 억누르기 위해 점점 더 흉측해져 갔다.

이 같은 억압의 틀은 부수어야 한다. 이 틀은 다만 나 하나가 벗어나는 것으로 만족해서는 안 된다. 나 아닌 누군가가 아직도 갇혀 있을지 모르기 때문이다. 옛사람들이 이야기 속에 이런 억압의 틀을 마련해 놓고 부수는 과정을 보여 준 것도 그런 까닭이었을 게다. 이를테면 '장모 된 며느리'는 유교 사회의 답답한 인습이 삶 앞에서 얼마나 허망한 것인가 보여 주는 이야기다.

옛날 어떤 집에서 외동 며느리를 보았는데, 손자도 못 보고 외아들이 그만 덜 컥 죽어 버렸어. 얼마 안 있어 시어머니도 죽어서, 식구라고는 달랑 시아버지와 며느리만 남게 됐지. 그런데 며느리 효성이 지극해서 홀시아버지를 참 잘 모셨 어. 추우면 추울세라 더우면 더울세라 밤낮으로 공대하기를 지극정성으로 했지.

시아버지가 가만히 생각을 해 보니 며느리가 청춘에 과부 되어 저 같은 늙은 이한테 매여 사는 게 너무 딱하거든. 자기만 아니면 며느리가 홀가분하게 개가 해서 팔자를 고칠 수도 있을 텐데 말이야. 그래서 하루는 며느리를 불러 놓고 잘 타일렀어.

"애, 아가. 네가 나 때문에 고생하는 걸 보기가 참 괴롭다. 너같이 젊은 나이에 어찌 이리 살겠느냐. 나는 죽을 날도 멀지 않았으니 내 걱정일랑 말고 어서 좋 은 자리 찾아 시집가도록 해라."

"아버님, 무슨 말씀을 그리 하십니까? 늙으신 아버님을 홀로 두고 제가 어디 를 가겠습니까? 그런 말씀 입 밖에도 내지 마십시오."

"아니다. 이렇게 살면 내 맘인들 편하겠느냐? 나야 아직 몸이 성하니 얼마든 지 혼자 살 수 있다. 차라리 내 마음이나 편하게 해 다오. 두말 말고 어서 떠나 거라."

시아버지 부탁이 하도 간곡하니 며느리도 어쩔 수 있나. 그길로 하직 인사를 하고 집을 나왔지.

집을 나와 정처 없이 가는데, 어느 곳을 지나다 보니 다 쓰러져 가는 오막살이 에서 한 처녀가 아궁이에 불을 때고 있더래. 거기 가서 불을 때 주며 이런저런 이 야기를 했지. 사연을 들어 보니 그 집 사정도 참 딱해. 이 처녀는 어려서 어머니 를 잃고 홀아버지와 단둘이 살고 있는데, 집이 가난하여 아버지도 재취를 못 하 고 저도 혼기를 놓쳐 외롭게 살고 있다고 그러거든. 생각해 보니 이런 집이라면 인연을 맺을 만하다 싶어서, 자기 사연을 얘기하고 함께 살자고 청을 했어. 처녀 집에서야 마달 리가 없어, 곧 그 처녀 아버지와 혼인을 해서 살았지.

색시는 억척같이 일을 해서 가난하던 집 살림살이도 펴지게 됐어. 그런데 날이 갈수록 두고 온 홀시아버지가 마음에 걸리네. 생각해 보니 이 집 딸이 나이가 찼는데 아직 시집을 못 가고 있단 말이야. 마음속에 좋은 생각이 떠올라서 곧 남편한테 말을 했지.

"저렇게 과년한 딸을 평생 처녀로 늙히시렵니까?"

"시집보내고 싶은 마음이야 굴뚝같지만 혼기를 놓쳐 저렇게 늙어 버린 처녀를 누가 데리고 가겠소?"

그래서 색시는 전에 같이 살던 시아버지 이야기를 했어. 시아버지가 혼자 살고 있는데 비록 나이는 많지마는 마음이 넓고 살림살이도 먹고살 만하니 딸을 그리로 시집보내면 어떻겠느냐고 말이야. 남편이 좋다 해서 딸한테 물었더니 딸도 좋다고 하지. 그래서 곧 그리로 시집을 보냈어.

이렇게 해서 며느리는 장모 되고 시아버지는 사위가 됐다는데, 마음 넓고 인정 많은 사람들이 만든 인연이라 듣는 사람들이 모두 좋아하더라나.

기구하다면 기구한 인연이지만 곱씹을수록 훈훈한 인정이 묻어난다. 네 사람 모두가 외롭지 않게 잘 살게 됐으니 이보다 더 큰 경사가 어디에 있을까. 옛날 유교 이념에 물든 양반사대부들이 들으면 "풍속을 어지럽혔다"고 나무랄지 모르지만 말이다. 만약에 참으로 고루하고 속 좁은 벼슬아치라면 이 예절 모르는 백성들을 잡아다 볼기를 치고 혼인을 무효로 만들어 버릴지도 모르겠다.

그러고 보면 옛날에도 잘난 체할 일 없는 백성들은 유교 도덕이나 인습의 굴레를 그다지 어려워하지 않은 듯하다. 과부 개가나 보쌈에 얽힌 이야기가 수도 없이 많은 것을 보면 틀림없이 그렇다. 과부 개가를 막은 답답한 억압의 틀도 양반사대부들에게나 어울리는 것이었나 보다. 하기야 부귀영화와 담쌓고 살아가는 백성들에게 어차피 열녀문 홍살문 같은 건 당치도 않았을 게고, 아마 그런 헛것은 거저 준대도 사양했을 게다. 그 대신 권력이 강제로 씌워 놓은 억압의 굴레를 어떻게든 시원하게 벗어던지고 싶었을 것이다. 그런 마음이 이런 이야기를 낳지 않았을까. 어쩌면 옛날 이 땅 어느 골에 살던 순박한 농사꾼들이 실제로 겪은, 그야말로 생생한 삶 속 이야기인지도 모른다.

아프게 하기와 어루만지기

약자에게 허락된 하나뿐인 무기, 풍자

이런 옛이야기가 있다. 옛날에 한 농사꾼이 살았는데, 이웃집 양반 등쌀에 하루도 편할 날이 없었다. 걸핏하면 불러다가 제 집 종 부리듯 하는 것까진 참을 만했지만 말끝마다 이놈 저놈 하며 매질까지 하는 데는 그만 질려 버렸다. 하루는 농사꾼이 양반집 앞을 지나다가 그 집 개가 문간에 앉아 있는 것을 보고 넙죽 엎드려 절을 했다. 까닭을 묻는 양반에게 농사꾼은 이렇게 대답했다.

"대감 댁에 사는 개는 곧 대감과 한식구인데 어찌 절을 안 하겠습니까?"

언뜻 들으면 지극한 공대 같지만 사실은 제대로 욕을 보인 것이다. 생각해 보아라. 개와 한식구라면 더도 덜도 말고 개라는 뜻이 아니겠나. 그러니 얼마나 큰 욕인가. 양반은 뭔가 꺼림칙했지만 딱히 나무랄 말도 없는지라 슬그머니 그 자리를 피하고 말았다.

이것이 풍자의 참맛이다. 풍자는 웃음으로 감쌌기에 겉은 부드러우나 속에는 날카로운 가시를 품고 있다. 다만 그 가시는 느끼는 만큼 아플 뿐이다. 풍자하는 대상에 따라 뜨끔해할 수도 있고 아무렇지도 않게 여길 수도 있다. 그러나 어떤 경우라도 대놓고 받아치기는 어렵다. 앞 이야기에서 양반이 뭔가 꺼림칙한 채로 물러설 수밖에 없는 것이 바로 풍자의 효과이다.

풍자는 가난하고 힘없는 사람들 몫이다. 반대쪽에 서 있는 사람들은 늘 그이들을 깔보고 업신여겼다. 또 부당하게 부리거나 가진 것을 빼앗았다. 이렇듯 시달리면서 살다 보면 화가 나게 마련인데, 옛사람들은 그 울분을 곧이곧대로 풀어내기보다 풍자로 삭이고자 했다. 그럴 수밖에 없는 것이, 만약에 정색을 하고 대들기라도 한다면 치도곤이나 먹기 십상일 테니까.

옛이야기는 풍자가 자라나는 바탕이다. 옛이야기가 가난하고 힘없는 사람들 사이에서 태어난다는 건 새삼스럽게 말할 필요도 없다. "옛이야기 좋아하면 가난하게 산다"는 옛말은 바로 들으면 우스개에 가깝지만 뒤집어 들으면 준엄한 진실이다. 모름지기 '가난하게 사는 사람들이 옛이야기를 좋아한다.' 그러니 여기에 어찌 풍자가 없을쏘냐. 가난한 백성들은 이야기 속에 풍자의 가시를 담아 마음껏 권력자와 부자들을 놀려 먹었다. 이야기란 "옛날 옛적에⋯⋯"라고 말하는 순간 모든 것이 용서되는 법이다. 그러니 그 안에서 거리낄 것이 무엇인가.

풍자 대상이 되는 권력자와 부자들도 이것을 잘 알고 있었다. 백성들에게 이 작은 숨통조차 틔워 주지 않으면 더 큰 일이 터질 수 있다는 것도 알았다. 그래서 짐짓 모르는 체하며 풍자의 마당에 펴 놓은 멍석을 굳이 걷어 내려 하지 않았다. 하기야 마땅히 대응할 뾰족한 수도 없었을 것이다. 섣불리 덤볐다가 되레 큰 웃음거리가 될지 모르는 판이니 말이다. 이렇게 해서 풍자는 약자에게 허락된 하나뿐인 무기가 되었다.

풍자는 상대에게는 아픔이 되지만, 하는 쪽에서는 시원한 속풀이가 된다. 이를테면 바보 원님 이야기 가운데 이런 것이 있다. 어느 고을에 새로 갈려 온 원이 콩하고 보리를 못 가리는 숙맥이었다. 어느 날 잔치를 벌이는데 달이 너무 작아서 흥이 나지 않았다. 때마침 달초라서 초승달이 떴기 때문이다. 원의 불평을 들은 의뭉스런 스님이 아뢴다. "사또, 그러지 말고 우리 절에 시주를 좀 해 보시지요." 스님 말대로 시주를 하고 나서 며칠 뒤에 보니 과연 달에 살이 조금 붙었다. 음력으로 열흘께이니 반달이 뜬 것이다. 하지만 둥근 달에 견주면 아직 작다. 원이 불평을 하자 스님이 또 아뢴다. "사또, 시주를 조금 더 해 보시지요." 시주를 더 하고 나서 며칠 뒤에 보니 아니나 다를까 크고 둥근 보름달이 떴다. 그걸 본 사또가 무릎을 치며 말한다. "옳거니, 이 고을 달은 돈을 먹여야 살이 찌는구나."

부잣집에서 태어나 흥청망청 놀고먹기만 하느라고 세상 돌아가는 물정도 모르는 벼슬아치야 수두룩했을 터이다. 만약 그런 이가 고을 수령으로 와서 어리보기 짓을 한다면 백성들 가슴은 타들어 갈 것이다. 바보 원님 이야기는 그래서 나왔음 직하다. 아무리 그래도 달이 차고 기우는 이치조차 모르는 얼간이가 고을 원이 됐을 리는 없다. 그러니 만약에 정말로 세상 물정 모르는 책상물림 수령이 이 이야기를 듣는대도 그냥 웃어넘길 수밖에 없다. 속이야 조금 뜨끔하겠지만 말이다.

게다가 이 이야기에는 겉으로 드러난 풍자 말고 속에 은근히 숨은 풍자도 있다. 원이 "이 고을 달은 돈을 먹여야 살이 찐다"고 말하는 대목이다. 흘려들으면 바보 원님의 시답잖은 넋두리 같지만, 새겨들으면 뇌물 먹이고 먹는 데 이골 난 벼슬아치들을 제대로 꼬집고 있다는 걸 알게 된다. 과연 절묘한 풍자다.

바보 원님 이야기에는 이런 것도 있다. 동무 사이인 두 원님이 마주 앉아 말싸움을 한다. 한 원님은 노루가 알을 낳고 수수는 나뭇가지에 열리며 세배는 추석에 하는 거라고 우긴다. 동무 원님은 한술 더 떠 수수는 나무뿌리에 열리고 세배는 단오에 하는 거라고 고집을 피운다. 둘이 다투다가 결판이 안 나자 이방을 불러 누구 말이 옳으냐고 묻는다. 이방은 두 상전 비위를 거스르지 않으려고 둘 다 옳다고 둘러댄다. 이를테면 이런 식이다. "파란 수수는 배짱이 좋아 나무 위에 열리지만, 빨간 수수는 부끄럼을 많이 타서 땅 속에 숨지요."

무지한 벼슬아치를 놀리는 이야기지만, 더 깊은 곳을 들여다보면 벼슬을 팔고 사는 세태까지 풍자하고 있다. 애당초 벼슬아치를 공정하게 뽑았다면 무식한 수령이 나올 턱이 없기 때문이다. 어느 시대나 썩은 조정이 썩은 벼슬아치를 만드는 법이다.

이런 이야기도 있다. 어느 머슴이 상전과 함께 나들이를 가게 됐다. 당연하게도 양반은 말을 타고 가고 머슴은 말고삐를 잡고 간다. 산길에 이르러 아무도 보는 사람이 없자 머슴은 양반을 들어 땅에 내려놓고 자기가 말을 타고 간다. 물론 산길을 벗어나면 언제 그랬느냐는 듯 자리를 바꾸어 다시 충실한 경마잡이로 돌아간다. 약이 오른 양반이 소리친다. "동네 사람들, 이놈을 어서 잡아 관가로 데려가게. 글쎄 이 오라질 놈이 내 말을 빼앗아 타고 왔다네." 하지만 아무도 그 말을 믿지 않는다. 끝내 실성한 사람으로 오해받은 양반은 머슴에게 이렇게 빌고 든다. "너 우리가 말 바꿔 탔단 말일랑 아예 입 밖에도 내지 마라. 이러다가 내 망신살만 뻗치겠다." 머슴은 물론 시원스레 대답한다. "입도 뻥긋 안 할 테니 걱정 마십시오, 마님."

이 이야기에서는 시골 양반이 머슴과 함께 나왔기에 놀림감이 되고 말았다. 만약에 시골 양반이 서울 양반과 함께 나오는 이야기였다면 틀림없이 서울 양반을 놀려 먹는 자리에 섰을 것이다.

양반을 대놓고 도둑놈이라 풍자하는 이야기도 있다. 옛날에는 임금이 허름한 옷을 입고 백성들 사는 마을을 도는 일이 가끔 있었나 보다. 어떤 농사꾼이 그런 임금을 만나 의형제를 맺는다. 며칠 뒤 임금이 가르쳐 준 대로 장안에서 가장 큰 집을 찾아가 보니, 형은 용포를 입고 높은 곳에 앉아 있고 둘레에는 온통 머리에 감투 쓴 벼슬아치들이 득시글댄다. 농사꾼은 그걸 보고 웬 '뿔난 도둑놈'이 이렇게 많으냐고 구시렁댄다. 그게 무슨 말이냐고 임금이 묻자 농사꾼이 되받는다. "형님은 말도 마시우. 우리 고을에 가면 저렇게 머리에 뿔난 사또가 있는데 순 도둑놈이우."

웃음으로 포장했지만 실은 가시 돋친 풍자다. 이 이야기에서 주인공은 누구일까? 언뜻 보면 임금인 것 같지만 사실은 농사꾼이 주인공이다. 임금은 어디까지나 이 풍자 마당에 필요한 들러리일 뿐이다. 농사꾼이 끝까지 임금의 정체를 모르는 것처럼 이야기가 펼쳐지지만, 가만히 보면 이것은 미묘한 딴전 피우기일 수 있다. 적어도 농사꾼은 대궐에 들어간 뒤부터는 임금을 알아보았다. 하지만 끝까지 모르는 척 시치미를 뗀다. '뿔난 도둑놈'을 제대로 풍자하려면 그런 장치가 필요했으리라.

절묘한 꾀와 함께하는 풍자

풍자는 대체로 슬기와 함께한다. 이 경우 슬기는 기막힐 만큼 교묘한 것이다. 약자가 강자를 놀리려면 어지간한 꾀로는 어림도 없기 때문이다. 가난하고 힘없는 백성들이 꾀를 써서 권력자나 부자를 풍자하려면 섣불리 달려들어서는 안 된다. 그랬다가 들통이라도 나는 날에는 어떤 화를 당할지 모르기 때문이다. 당한 쪽에서 꼼짝 못하도록 빈틈없이 절묘한 꾀를 써야 한다.

보기가 될 만한 것으로 이런 이야기가 있다.

옛날 어느 고을에 원이 새로 갈려 오게 돼서 백성들이 불려 나가 길을 닦았어. 그런데 그때가 하필 오뉴월 한창 바쁜 농사철이야. 한나절 해가 아쉬운 땐데, 그때 억지로 붙들려 나가 길을 닦자니 기분이 좋을 리 있나. 모두들 투덜투덜하면서 길을 닦는데, 거기 웬 낯선 사람이 와서 기웃기웃하더니,

"여보시오들, 무슨 일로 길을 닦소?"

하고 묻거든. 안 그래도 기분이 언짢은 판국이니 좋은 대답이 나올 리 없지. 백성 중에 한 사람이 냉큼 그 말을 받아,

"이 고을에 원인지 껍데긴지가 새로 갈려 온다고 이런다오. 원인지 껍데긴지 원, 오려거든 동지섣달 한가할 때나 오지 왜 하필이면 이 바쁜 데 온담. 원인지 껍데긴지."

이랬어. 그런데 그게 제 모가지 치는 말이야. 물은 사람이 누구인고 하니 바로 새로 갈려 오는 원이란 말씀이야. 원이 일부러 허름하게 차려입고 고을 사정을 살피노라고 하인 하나 데리고 와서 기웃거리는 중이란 말이지. 그 원 코앞에서 "원인지 껍데긴지……" 하고 욕을 해 놨으니 이제 모가지가 달아날 일만 남은 거야.

그런데 이 백성은 그것도 모르고 연신 "원인지 껍데긴지……" 하면서 투덜투덜했어. 그러는 걸 듣고 하인이 원에게 가만히 귀엣말로,

"사또, 아 저런 놈의 입을 찢어 놔야 하지 않겠습니까?"

했거든. 그걸 이 백성이 들었어. 귀가 밝아서 귀엣말을 다 들었단 말이지. 듣고

보니 아 이거 일을 저질러도 보통으로 저질러 논 게 아니거든. 여태 "원인지 껍데긴지……" 하고 욕을 해 댄 원이 바로 코앞에 서 있으니 이 일을 어째?

'아이쿠, 이제는 죽었구나.'

이 사람이 그만 눈앞이 깜깜해지는데, 하늘이 무너져도 솟아날 구멍이 있더라고 번개같이 좋은 생각이 탁 떠오르더란 말이야. 그래 서리 맞은 호박잎 따듯이 시치미를 뚝 떼고서 원한테,

"보아하니 과객인지 껍데긴지 같소만 잘 곳이 없거든 우리 집에나 갑시다. 우리 집인지 껍데긴지."

했어. 원이 들어 보니 갈수록 태산이지만, 자기가 헌 옷 입고 나설 적에는 신분을 감추노라고 그런 건데 갑자기 "이놈, 내가 원이니라" 할 수도 없는 노릇이라 어정쩡하게,

"그래, 당신 집은 어디요?"

하고 물었지.

"저기 보이는 저 집이 우리 집이오. 우리 집인지 껍데긴지."

가리키는 곳을 보니 삽짝이 너덜너덜한 움막집이거든.

"손님 치를 만한 집으로 뵈지는 않는데."

"잠자리야 오죽하겠소만 먹을 것인지 껍데긴지는 남아돌 거요. 먹을 것인지 껍데긴지."

"왜 그렇소?"

"아, 오늘 저녁 우리 집에서 제산지 껍데긴지를 지낸다오. 우리 아버진지 껍데긴지 제사를 지내는데, 그만하면 먹을 거야 많지 않겠소?"

이쯤 되니 원도 두 손을 들고 말지. 아, 자기 아버지더러 "아버진지 껍데긴지……" 하고 욕을 해 대는 놈한테 더 뭘 말하겠어? 아하, 저놈은 본래 말버릇

이 저렇게 고약한 놈이로구나. 일부러 나를 두고 욕을 한 건 아니로구나. 그렇다면 공연히 긁어 부스럼 만들 일이 무어 있겠나. 못 들은 척하고 가 버리면 그만이지. 이렇게 생각하고 슬그머니 가 버렸어.

그래서 화를 면하고 잘 살았대. 그나저나 벼슬아치들 행차에 애매한 백성들 욕보는 일, 요새도 혹 그런 일이 없나 몰라.

이 이야기는 꽤나 기발하다. 농사철에 관의 닦달로 부역에 내몰려 본 백성들이라면 누구나 이 이야기를 듣고 고개를 끄덕일 것이다. 그리고 주인공의 슬기에 무릎을 치며 탄복할 것이다. 아니, 고을 원의 코앞에서 "원인지 껍데긴지"를 되뇌고도 무사하다니! 이 경우 농사꾼의 번뜩이는 재치는 한갓 웃음거리에 머물 수 없다. 당사자에게는 목숨을 건 줄타기와도 같았을 테니까.

하지만 풍자가 언제나 심각한 것만은 아니다. 익살꾼 정수동 이야기 가운데는 이런 것도 있다. 정수동이 위세 좋은 대감 댁에서 하룻밤을 잤는데, 자고 나니 대감 망건이 없어졌다. 하인들이 한바탕 난리법석을 떤 끝에 닳아 빠진 헌 망건 하나를 찾아냈다. 하지만 그것은 대감 망건이 아니라 정수동 것이었다. 그제야 정수동은 제 머리에 쓰고 있던 대감 망건을 벗어 놨다. "아니, 우리가 그 망건을 찾느라고 그리 애를 쓰는 걸 보고서도 모른 체하고 있었단 말입니까?" 하인들이 따지자 정수동은 대답했다. "대감 망건이었으니 그리 애써 찾았지, 내 망건이었으면 자네들이 그렇게 부지런히 찾아 주었겠나?"

이 경우 정수동의 꾀에도 썩 교묘한 데가 있다. 하지만 "원인지 껍데긴지"를 되뇐 백성의 꾀처럼 절박하거나 무겁지는 않다. 그 대신 마치 비 갠

뒤 산들바람처럼 산뜻한 맛이 난다. 옛이야기가 반드시 그렇게 심각해야만 하느냐고 되묻는 것 같기도 하다.

둥글둥글 모 없는 웃음, 해학

풍자가 칼날을 숨기고 있어 상대를 아프게 한다면, 해학은 그 생채기를 부드럽게 어루만져 준다. 풍자가 날카로운 가시를 품은 웃음이라면 해학은 둥글둥글 모가 없는 웃음이다. 말하자면 그저 한바탕 시원하게 웃어 보자고 익살을 떠는 것이 해학이다. 그래서 해학은 곧 여유다. 여기서는 놀리는 사람과 놀림받는 사람의 자리가 그다지 멀지 않다. 그 자리는 언제든 바뀔 수 있다. 요컨대 해학 속에는 적의가 없다.

풍자가 너무 매서우면 서먹서먹하고 거칠어진다. 웃더라도 억지웃음이 되기 십상이다. 반면에 해학이 너무 여유를 부리면 싱거워진다. 웃더라도 공허한 웃음이 되는 것이다. 그래서 풍자와 해학은 서로 모자라는 곳을 채워 준다. 어차피 풍자는 자기 마음을 달래려고 만든 것이다. 정색을 하고 싸우려는 게 아니라 그저 한번 슬쩍 꼬집어 주자는 것이다. 해학은 애당초 웃으려고 만든 것이지만, 그래도 아무 할 말이 없으면 너무 허전하다. 풍자에 해학이 곁들여지면 웃음은 더 너그러워지고 꼬집음은 더 빛난다. 그리고 이야기 속에서 꼬집히는 사람도 웬일인지 그리 밉게 보이지 않는다. 요컨대 듣고 나서 마음이 푸근해지는 것이 이런 이야기의 힘이다. 풍자와 해학이 절묘하게 섞였다고 말할 수 있는 이야기에는 이런 것이 있다.

옛날 어느 고을에 한 구실아치가 있었어. 허우대 멀쩡하고 말솜씨 좋은 위인이었건만 상놈의 피를 타고난 탓에 육방아전들이 이 사람 보기를 제 집 강아지 보듯 했지. 아전들은 고을 원을 손바닥 안에 넣어 가지고 놀면서 백성들 등쳐 먹기를 일삼는 능구렁이들이었어.

한번은 고을 원이 새로 갈려 왔는데, 이 치가 글겅이질에 이골이 나 백성들 요강 단지까지 긁어 가는 판이야. 원이 해 먹어도 너무 해 먹다 보니 아전들한테 돌아갈 건더기가 있어야지. 그래서 하루는 육방아전들이 한곳에 모여 신관 사또 훼창할 쑥덕공론을 했어. 훼창이라는 게 밤중에 동헌 뒷산에 올라가 큰 소리로 원을 욕하고 그 죄를 밝히는 일이거든.

육방이 한창 수작을 할 즈음 이 일을 눈치챈 구실아치가 들이닥쳤어.

"나리들이 무슨 일을 꾸미는지 다 알고 왔습니다. 이러니저러니 할 것 없이 딱 천 냥만 주시면 내가 그 일을 맡지요. 어떻습니까?"

아전들이 가만히 생각해 보니, 어차피 누굴 시켜서 할 바에는 부러 청하지는 못할망정 제 발로 찾아온 훼창꾼을 마다할 까닭이 없겠단 말이야. 추렴을 해서 돈 천 냥을 만들어 주니, 구실아치는 그 돈 넙죽 받아 챙긴 뒤에 그길로 동헌 뒷산에 올라가 크게 소리를 질렀어.

"신관 사또 아무개는 듣거라. 너는 남의 고을 원으로 와서 애꿎은 백성들 재물을 긁어다가 네 배때기만 채우니 이러고도 네가 정녕 사람이냐? 내일로 당장 짐을 싸서 이 고을을 떠나면 살려 주려니와, 그렇지 않으면 네놈의 사지가 성치 못하리라."

목청을 있는 대로 뽑아 천둥같이 소리치니 그걸 듣는 아전들은 가슴이 아주 다 후련해졌지. 그런데 그 뒤에 덧붙이는 말을 듣고는 그만 가슴이 철렁 내려앉았어.

"네 이놈, 아무개야. 잘 들었느냐? 너에게 이렇게 말하는 이 몸이 누구인고 하니 바로 이 고을 구실아치 아무개니라."

훼창을 하면서 제 입으로 제 이름을 밝히다니, 미치지 않고서야 그럴 수는 없는 일이거든. 육방아전들이 모두들 사색이 되어 있을 때 구실아치가 천연덕스럽게 다시 찾아왔어.

"이놈아, 네가 정녕 미쳤구나. 너 내일 당장 동헌에 잡혀가면 어찌할 셈이냐?"

"아무리 천한 목숨이라도 돈 천 냥에 죽겠습니까? 다 바른 대로 대고 말지요."

"뭐라고? 그럼 우리 이름까지 대겠다는 말이냐? 죽으려면 너 혼자 죽지, 왜 우리는 걸고 넘어져?"

"돈 주고 시킨 사람이 있는데 그럼 나 혼자 죽으란 말씀입니까? 그럴 수는 없지요."

이쯤 되니 제아무리 약아빠진 아전들이라 해도 빌고 들지 않을 수 있나.

"이 사람아, 그러지 말고 우리 좀 살려 주게. 자네 입에서 우리 이름 석 자 나오는 날에는 그길로 황천길일세."

"정 그러시면 천 냥만 더 주십시오. 그러면 나리들 이름은 뻥긋도 안 할 테니."

육방아전들이 또 추렴을 해서 돈 천 냥을 만들어 줬지. 구실아치는 그것도 넙죽 받아 챙긴 뒤에 잠 잘 자고 그 이튿날 아침에 멀쩡하게 일어나 제 발로 고을원을 찾아갔어. 원은 노발대발했지만 구실아치는 천연덕스럽게 아뢰었어.

"사또, 고정하시고 제 말 좀 들어 보십시오. 소인으로 말씀드릴 것 같으면 사또 영으로 민가에 가서 밥하는 솥단지도 떼 오고 숟가락 젓가락까지 거둬 오고 베틀에 걸린 베까지 잘라 온 놈이올시다. 그러니 백성들 원성이 오죽하겠습니까? 엊저녁에 훼창한 것은 소인이 아니라 소인이 어서 죽기를 바라는 백성 중 한 사람일 것입니다. 아, 어느 바보가 사또 욕을 하면서 제 이름 석 자까지 알리겠습니까?"

원이 들어 보니 그럴듯한 말이라 그냥 풀어 주고 말았어. 그래서 죄를 면하고 잘 살더라는 이야기.

들어 보면 구실아치의 꾀가 하도 묘해서 징글징글할 정도다. 하지만 그렇다고 해서 이 능글맞은 주인공이 마냥 밉상인 것만은 아니다. 시치미를 뚝 떼고 남의 속내를 꿰뚫는 저 능청스러움에 혀를 내두를 뿐이다. 풍자 대상이 된 육방아전과 고을 원도 쌤통이긴 하다마는 그것으로 그만이다. 이야기를 듣다 보면 처음 그들에게 품었던 적의마저 어느새 스르르 녹아 없어진다. 구실아치에게 당하되 아주 된통 당해서 그렇다. 굳이 말하자면 조금 가엾어질 정도다.

이래서 이 이야기는 아주 유쾌하게 마무리됐다. 보기에 따라서는 주인공한 일이 전혀 값어치 없다고 할 수도 있겠다. 힘겨워하는 백성들에게 아무런 도움이 되지 못했기 때문이다. 주인공은 그저 묘한 꾀를 써서 자기 배를 불렸을 뿐이다. 하지만 애당초 이런 이야기의 주인공은 영웅이 아니다. 정수동이든 방학중이든 김선달이든, 풍자 이야기에 나오는 주인공들은 모두 자기만 아는 소인배에 지나지 않는다. 하지만 백성들은 언제나 그들에게 환호했다. 그들이 겨눈 풍자의 칼끝이 나쁜 강자를 겨누고 있었기 때문이다. 풍자는 처음부터 속을 풀자고 하는 일이며, 속풀이는 그것으로 충분했던 셈이다.

2장

옛이야기 말 살피기

옛이야기에는 오랜 전승 과정에서 생겨난 독특한 말법이 있다. 구성지고 감칠맛 나는 이 말투는 깨끗한 토박이말과 입말의 타래다. 민중성과 초현실성 같은 성질이 옛이야기 속살이라면 이 재미난 말의 틀은 거죽이요, 입성이다. 우리는 옛이야기 속을 채우는 성질을 바로 보고 소중히 여기는 만큼, 겉을 치장한 말도 눈여겨볼 필요가 있다.

옛이야기의 독특한 말법은 두말할 나위도 없이 쉽게 전승하고 기억하기 위한 장치다. 그런데 공교롭게도 이것은 아이들이 삶 속에서 자연스럽게 쓰는 말투를 그대로 빼닮았다. 토박이말, 쉬운 말, 입말로 규정되는 옛이야기 말이 아이들 입에서 저절로 터져 나오는 말과 닮았다는 것은 거듭 새겨볼 만하다. 아이들이 옛이야기를 좋아하는 데는 간결하면서도 재미난 말투도 한몫을 한다.

옛이야기를 아이들에게 들려주거나 글로 쓸 때 이 말맛을 제대로 살려 내는 일은 이야기 내용을 올바르게 담아내는 일 못지않게 중요하다. 이 장에서는 이러한 옛이야기 말을 하나하나 살펴보기로 한다. 먼저 타래를 이루는 큰 틀을 대강 살펴보고, 그다음에는 한 올 한 올을 이루는 말투를 들여다볼 것이다. 여기에 밝힌 입말의 성질은 무슨 뚜렷한 증거를 바탕 삼은 것이 아니므로, 반드시 그렇다기보다 그런 구석이 있다는 정도로 받아들여 주었으면 한다.

옛이야기 서술 특성

옛이야기를 들려주거나 듣다 보면 마치 노래처럼 여겨질 때가 있다. 또 분명히 다른 이야기인데도 어딘가 비슷하다는 느낌이 들 때도 있다. 이것은 모든 옛이야기를 꿰뚫는 공통의 틀이 있기 때문이다. 누가 일부러 만든 것이 아니라 오랜 세월 입에서 입으로 전해지는 동안 저절로 생겨난 것이다. 어떤 틀이 있는지 살펴보자.

첫째, 단순한 되풀이(반복)다.

"할멈 할멈, 떡 하나 주면 안 잡아먹지."

'해와 달이 된 오누이'에서 호랑이는 지루할 만큼 똑같이, 조금도 다르지 않게 몇 번이고 이 말을 되풀이한다. 첫째 고개에서도, 둘째 고개에서도, 셋째 고개에서도…….

"이 농사 지어 누구랑 먹고사나?" "나랑 먹고살지."

'우렁이 색시'에서도 농사꾼 총각과 우렁이는 이 단조로운 대화를 여러 번 똑같이 되풀이한다. 토씨 하나 낱말 하나 다르지 않고, 심지어 말의 높낯이와 느낌까지도 판에 박은 듯 같게 한다.

말뿐 아니다. 같은 일이 여러 번 되풀이되기도 하고 똑같은 물건이 자꾸만 나오기도 한다. 하지만 이 되풀이에도 끝은 있다. 세 번, 다섯 번, 일곱번, 열두 번처럼 횟수가 정해져 있는 것이다. 그리고 마지막 번에는 어느한군데 규칙을 깨뜨리면서 되풀이의 쳇바퀴에서 벗어나는 빌미를 마련한다. 이를테면 남의 목숨을 살려 준 주인공이 그 은혜에 대한 보답으로 보물을 세 번 얻는다고 치자. 때마다 판에 박은 듯 똑같은 일이 생기던 것이 마지막 번에는 조금 달라진다. 보물을 얻으면 소매 속에 집어넣던 주인공이손에 들고 딴생각을 한다든지 하는데, 이때 듣는 이는 '이제 되풀이가 끝나고 새로운 일이 일어나겠구나' 짐작하게 된다.

언뜻 변화를 포기한 듯한 이 되풀이는 틀에 박혀 식상할 것 같기도 하다. 하지만 듣다 보면 이상하게도 재미있다. 오히려 때마다 다른 말이 나온다면 어수선해서 싫을 것 같다. 옛이야기 서술에서 복잡한 변화는 곧 전승과기억에 걸림돌이 될 뿐 아니라 이야기에서 생기를 빼앗고 말을 축축 늘어지게 만든다. 단순한 되풀이는 강한 인상과 구성진 가락을 만들고, 그리하여 옛이야기는 튼튼한 전승력의 갑옷을 입는다.

둘째, 서로 다른 둘의 맞섬(대립)이다.

옛이야기 구성 요소들은 가끔 상대편 성질을 더 뚜렷이 하려고 그에 맞서는 자기 성질을 크게 부풀린다. 부잣집과 가난한 집이 이웃해 있으면 부잣집은 어마어마하게 크고 가난한 집은 견줄 데 없이 작다. '아흔아홉 칸기와집'이니 '다 쓰러져 가는 초가집'이니 하는 서술이 버릇처럼 나오는 데는 다 그만한 까닭이 있다.

인물일 경우 이 맞섬은 더 뚜렷하다. 형은 나쁘고 아우는 착하다. 계모는 모질고 의붓딸은 온순하다. 부자는 욕심쟁이고 가난한 사람은 너그럽다. 착한 주인공은 온전히 착하고 나쁜 상대는 온전히 나쁘다. 여기에 여지는 조금도 없다. 이렇듯 뚜렷한 성격은 처음부터 고정되어 있어서 상황이 변해도 전혀 영향을 받지 않는다. 착한 이는 어쩌다 실수라도 한번 할 법하건마는 결코 그러지 않는다. 심술쟁이는 가끔 가다 성질이 누그러질 때도 있으련마는 절대 안 그런다.

'콩쥐 팥쥐'에서 이미 착한 인물로 설정한 콩쥐는 구태여 착한 일을 하지 않아도 늘 착하고, 한번 나쁜 인물로 못 박은 팥쥐는 구태여 나쁜 짓을 안 해도 여전히 나쁘다. 여기에 망설임이나 고뇌 따위는 없다. 요컨대 옛이야기 속 인물에게 개성은 없다. 착한 사람이거나 나쁜 사람이거나, 바보거나 똑똑하거나, 사납거나 온순하거나, 그뿐이다.

"(옛이야기) 등장인물들은 실체성도 내면 세계도 특별한 환경도 갖지 않은 장난감 인형에 지나지 않는다"(막스 뤼티, 《유럽의 민담》 21쪽)는 말은 서양 옛이야기에만 적용되는 것이 아니다. 옛이야기 인물들은 고민할 줄도 망설일 줄도 아픔을 느낄 줄도 모른다. 현실 세상 사람들처럼 복잡하게 생각하고 뜻밖으로 행동하는 사람은 옛이야기 세상에서 살 수 없다. 옛이야기 세상에는 마치 꼭두각시처럼 정해진 길을 가는 인물들만이 살아가고 있을 뿐이다.

하지만 이것을 약점으로 보아서는 안 된다. 뚜렷한 맞섬은 대칭성과 규칙성을 만들어 옛이야기를 단순하게 정형화한다. 이런 이야기는 듣는 이에게 강한 인상을 남겨 기억하기 쉽다.

셋째, 규칙성 있게 차오르거나 내리는 틀(점층 또는 점강)이다.

옛이야기에서 하나가 있으면 둘이 있고 셋이 있다. 하나 다음에 둘을 건너뛰고 셋이 오거나, 셋 뒤에 거꾸로 둘이 올 수는 없다. 이를테면 무언가를 찾아 먼 길을 떠난 주인공이 첫째 고개에서 한 칸 초가집에 사는 아이를 만나면 둘째 고개에서는 두 칸 초가집에 사는 총각을 만난다. 이쯤 되면 듣는 이는 셋째 고개에서 세 칸 초가집에 사는 할아버지를 만나리라 짐작할 수 있다. 그리고 이야기는 어김없이 그대로 흘러간다.

'좁쌀 한 알로 장가든 총각'에서 총각이 맨 처음에 가진 것은 좁쌀 한 알이다. 곧 좁쌀은 생쥐가 되고, 생쥐는 고양이가 되고, 고양이는 개가 되고, 개는 당나귀가 되고, 당나귀는 말이 되고, 말은 소가 된다. 마치 일부러 짜맞추기라도 하듯 조금씩 조금씩 큰 짐승으로 옮아가는 것이다.

또 바리데기 신화에서 서천 서역국에 약물을 찾아 나선 주인공은 십 리를 가서 첫 번째 도우미를 만나고 백 리를 가서 두 번째 도우미를 만난다. 세 번째 도우미를 천 리를 가서 만나는 건 정한 이치다. 이때도 마지막 도우미는 "땅길로 십 리, 산길로 백 리, 물길로 천 리, 나는 새도 못 온다는 이곳에 너는 어이 왔느냐?" 하고 물으면서 이제 차오름이 끝났음을 암시한다.

이 같은 차오름 또는 내림 틀은 결국 한 사건이 마무리되거나 바라는 것을 얻으면서 끝이 난다. 이런 단조로운 규칙성도 처음에는 전승과 기억을 쉽게 하려고 생겼을 테지만, 이것이 나름의 형식미를 얻어 이야기를 더욱 가지런하고 인상 깊게 해 준다.

넷째, 흥겨운 가락(음악성)이다.

이제까지 살펴본 되풀이와 맞섬, 차오름과 내림 틀은 반듯한 규칙성을 만들고, 이 규칙성은 저절로 구성진 가락을 만든다. 모든 가락이 규칙성에서 비롯한다는 건 상식이다. 옛이야기를 듣다 보면 마치 노래를 듣는 것처럼 느껴지는 것은 이 때문이다. 이러한 서술 특성을 살리기만 하면 이야기는 저절로 노래가 된다.

따라서 능숙한 이야기꾼은 자기 이야기를 산문이 아니라 시로 거듭나게 한다. 시는 곧 율격이요, 가락이다. 노래하듯 흥얼거리며 풀어 내는 이야기는 말의 재미를 느끼게 해 주고, 그 규칙성 덕분에 기억하기도 훨씬 쉬워진다. 잘 기억한 이야기는 전하기도 쉽다. 노래처럼 구성진 가락을 품으려면 말마디와 호흡은 길거나 어수선하지 않아야 한다. 옛이야기를 푸는 말이 대체로 짧고 간결한 꼴인 것은 우연이 아니다.

다섯째, 언제나 주인공에게 머무는 눈길(시점 고정)이다.

옛이야기를 즐기는 사람들은 이야기가 펼쳐지는 동안 언제나 주인공 눈으로 세상을 본다. 이야기꾼이든 듣는 이든 자연스럽게 주인공 편에 서기 때문이다. 옛이야기에서 주인공은 대개 '착한 약자'이므로 이 동일시는 누구에게나 쉽게 일어난다.

이를테면 '나무꾼과 선녀'에서 이야기의 눈길은 처음부터 끝까지 나무꾼 쪽에 머물러 있다. 그렇기에 나무꾼이 날개옷을 훔치는 것도, 그것을 몇 해 동안 숨기는 일도 다 정당화된다. 만약에 선녀의 눈길로 이야기가 풀려 나간다면 느낌은 아주 달라질 것이다. 나중에 날개옷을 되찾은 선녀가 아이들과 함께 하늘로 올라간 뒤에도 이야기 눈길은 하늘로 올라가지 않고 땅에 머물러 있다. 주인공인 나무꾼이 땅에 있으므로 당연한 일이다. 같은 이치로, 나무꾼이 두레박을 타고 하늘로 올라간 뒤에야 비로소 이야기꾼과 듣는 이는 선녀를 만나게 된다.

'우렁이 색시'에서도 이야기 눈길은 줄곧 농사꾼 남편에게 머물러 있다. 그래서 색시가 사또에게 잡혀간 뒤에도 그 눈길은 색시를 따라 관가로 가지 않고 남편과 함께 집에 남는다. 이야기를 듣는 사람들이 색시의 안위보다 남편의 안타까운 처지를 동정하며 관심을 기울이는 것은 그 때문이다.

이야기판에 모인 사람들은 이야기를 듣는 동안 주인공과 자기를 동일시한다. 만약에 시점이 주인공 아닌 다른 인물로 옮아가면 그 순간 동일시는 깨어진다. 듣는 이가 더는 이야기에 깊이 빠져들지 못한다는 뜻이다. 만약에 듣는 이가 어린아이들이라면 큰 혼란을 느낄 수도 있다. 요컨대 옛이야기는 주인공이 눈 뜨면서 시작하고 주인공이 행복하게 잘 사는 것을 확인하면서 끝난다. 주인공과 함께 태어나 주인공 눈으로 세상을 보고 주인공과 함께 사라지는 것이 옛이야기 눈길이다.

하지만 여기에도 예외는 있다. 주인공이 여럿일 때, 주인공이 현장에 없을 때, 그리고 주인공 아닌 다른 인물의 마음을 묘사할 필요가 있을 때, 이야기 시점은 다른 데로 슬쩍 옮아간다. 하지만 아주 자연스럽게 옮아가서 듣는 이가 거의 의식하지 못하므로, 동일시는 아무런 영향을 받지 않는다.

여섯째, 언제나 앞으로만 흐르는 시간(평면성)이다.

옛이야기 속 시간은 언제나 앞으로만 흐른다. 뒤로 돌아가는 경우는 결코 없다. 아무리 중요한 일이라도 시간을 거슬러 먼저 이야기하지는 않는다. 이를테면 유래를 밝히는 이야기에서도 듣는 이가 결과를 아는 것은 맨 나중이다. 시간 흐름을 순리로 따라가면 그럴 수밖에 없다. 이야기꾼이 시간 차례로 다 서술한 다음에 "그래서 수숫대 밑동이 빨개진 거래" 하면 듣는 이는 "아하, 그렇군" 하며 고개를 끄덕인다. 가끔 "수숫대 밑동이 왜 빨간지 얘기해 줄까?" 하고 나서 이야기를 시작하기도 하지만, 이 경우는 시간을 거슬렀다기보다 흥미를 불러일으키려고 허두를 뗀 것이다. 이야기는 "옛날 옛적에" 하고 시간의 문을 열어야 비로소 살아나며, 그와 함께 시곗바늘은 째깍째깍 돌기 시작한다.

옛이야기 속 모든 일이 시간 흐름에 따라 순리로 펼쳐지면 저절로 단순하고 간결한 형식미를 얻는다. 그럴수록 기억하기 쉬워진다. 시간 흐름이 왔다 갔다 하면 그만큼 복잡해지고, 복잡해진 이야기는 곧 전승력을 잃게 된다.

일곱째, 세세한 설명과 묘사를 꺼리는 성질(간결성)이다.

능숙한 이야기꾼이 펼치는 옛이야기는 속도감이 있다. 이야기가 제자리에서 머뭇거리거나 딴전 피우는 일 없이 앞으로 성큼성큼 나아가서 그렇다. 그래서 때때로 듣는 이는 무척 바빠진다. 이야기꾼이 빠뜨리거나 건너뛴 곳을 나름의 상상력으로 부지런히 메우면서 들어야 하기 때문이다. 이때 상상력이 미처 따라갈 수 없을 만큼 이야기 속도가 빠르면 듣는 이는 어떤 방식으로든 제동을 걸게 된다. "잠깐만요, 무엇이 어떻게 됐다고요?" 이야기꾼은 이야기를 잠깐 멈추어 알아듣도록 말해 주고, 듣는 이는 한숨 돌리며 줄거리를 가다듬는다. 이렇게 해서 이야기는 다시 제 속도를 찾는다.

옛이야기에서 앞뒤 사건의 인과관계나 합리성을 설명하는 일은 군더더기다. 심리 묘사와 장면 묘사 또한 매한가지다. 옛이야기 서술은 오직 다음에 무슨 일이 생겼는지에만 관심을 갖는다. 이를테면 '호랑이 뱃속 구경'에서 소금장수는 산에 올라가자마자 호랑이를 만나고, 호랑이 뱃속에 들어가자마자 대장장이를 만난다. 호랑이가 언제부터 거기에 있었는지, 소금장수가 호랑이 뱃속에 들어갈 때 그 길이 어땠는지, 대장장이가 어쩌다 거기에 들어왔는지는 전혀 설명하지 않는다. 앞뒤 상황을 짐작하거나 인물 심리를 헤아리거나 장면을 떠올리는 일은 오로지 듣는 이 몫이다.

이렇듯 서술이 간결하다 보니 옛이야기 속 인물은 아무것도 느끼거나 생각할 줄 모르는 것처럼 보인다. 이를테면 '해와 달이 된 오누이'에서 호랑이에게 팔다리를 떼어 먹힌 어머니는 아파하거나 우는 대신 바쁘다는 듯이 다음 고개를 향해 가고, '꽁지 닷 발 주둥이 닷 발'에서 어머니를 잃은 아들은 걱정하거나 궁리하는 대신 밀린 숙제라도 하듯 어머니를 찾으러 나선다.

이렇듯 앙상해 보일 만큼 지나친 간결함이 지은이야기에서라면 돌이킬 수 없는 약점이 되겠지만 옛이야기에서는 오히려 장점이 된다. 옛날부터 이야기판은 이야기꾼과 듣는 이가 함께 만들어 가는 것이었다. 듣는 이에게 많은 몫을 주려면 이야기꾼 몫은 적어야 한다. 심리 묘사는 이야기 흐름에 혼란을 주고 장면 묘사는 상상을 제한할 수 있다. 또 인과관계와 상황 설명은 이야기를 지루하게 만들 수 있다. 그런 것을 다 걷어 내고 보면 서술은 간결해질 수밖에 없다.

옛이야기에서 배우는 우리 입말

옛이야기가 어떤 틀을 가지고 있는지 서술 특성을 대강 살펴보았으니, 이제 그 속에 담긴 말법을 하나하나 들여다보기로 한다. 이 말법은 옛이야기 전승 과정에서 생긴 버릇이기도 하지만, 본디 우리 입말이 가진 보편 특성이기도 하다. 옛이야기를 백성들이 삶 속에서 자연스럽게 지껄이는 말로 전해 왔다는 것을 생각하면, 옛이야기 말투가 곧 입말 투란 것은 정한 이치 아니겠는가?

꾸미는 꼴보다 푸는 꼴이 많다

옛이야기에 나타나는 우리 입말의 성질 가운데 첫째로 꼽을 수 있는 것은 푸는 꼴이 많이 쓰인다는 성질이다. 바탕말(체언) 앞에 여러 가지 말이 붙어서 뜻을 매기는 꼴을 '꾸미는 꼴'이라 하고, 바탕말 뒤에 여러 가지 말이 딸려서 뜻을 매기는 것을 '푸는 꼴'이라 한다면, 옛이야기에는 뒤엣것이

표나게 많이 쓰인다.

보기를 들면 "예쁜 옷이다"는 꾸미는 꼴이요, "옷이 예쁘다"는 푸는 꼴이다. "좋은 날씨로군"은 꾸미는 꼴이요, "날씨가 좋군"은 푸는 꼴이다. 말마디가 길어지면 꼴에 따라서 말맛이 크게 달라진다. "지팡이를 짚고 천천히 걸어가는 할아버지가 있다"와 "할아버지가 지팡이를 짚고 천천히 걸어간다"를 견주어 보면 그 맛을 뚜렷이 느낄 수 있다.

위에 보기로 든 말을 찬찬히 다시 살펴보자. 꾸미는 꼴은 말을 끝까지 듣고 나서야 비로소 온전한 뜻을 알 수 있다. 꾸미는 말이 나온 다음에 바탕말이 따라 나오기 때문이다. 그러나 푸는 꼴은 한 마디 한 마디 들을 때마다 뜻이 한 덩어리씩 전달된다. 바탕말이 먼저 나오고 푸는 말이 따라 나와서 그렇다.

꾸미는 꼴은 낯설고 어수선해서 '뭔가 있어 보일지'는 몰라도 전달이 늦다. 그래서 눈으로 읽을 때는 한 번 더 읽기 일쑤고, 귀로 들을 때는 긴가민가하면서 듣게 된다. 열심히 듣지 않으면 잘못 알아들을 때도 있다. 하지만 푸는 꼴은 뜻이 차례대로 뚜렷이 전달되어서 편안하게 들을 수 있다.

옛이야기에는 푸는 꼴이 어떻게, 얼마나 자주 나타날까? 다음에 보기로 든 것은 작정하고 골라 낸 것이 아니라, 가까이 있는 자료 가운데 아무 데나 펼쳐 놓고 옮겨 쓴 것이다. 그러니까 대부분 옛이야기 말투는 이와 같다고 보아도 좋다.

(가) 옛날에 인제 어느 총각이 <u>혼자 사는데요.</u> 혼자 사는데 집은 째그맣고 살림은 <u>어렵구</u> 그런데, 오강두 못 사구 읎서서 밤에 자다 말구 나와서 헛아궁에다 오줌을 찍 가리구(갈기고) 들어가구. 찍 가리구 들어가거든요. 그 집 <u>오강두 읎서</u>

서 그러니까는 산신령이, 산신령이 호랭이를 보구, "너 아무 데 아무 데 가 내려
가서 아무개 잡아먹어라. 그놈은 주앙 앞에다 밤낮 오줌을 누니 그 괘씸해서 못
쓰갔다." 그리게 주앙 앞에다 오줌 안 눈대요.

성기열, 〈한국구비문학대계〉 1-7 경기 강화군 편, 299쪽

(나) 전에 신정승 양반이 있었는디, 천하 독신 <u>여남은 살 먹은 아들 하나 뒀단</u>
<u>말이유.</u> 그러자 참, 정승이 인제 병이 나 가지고 작고했단 말여. 그래, 선산에 가
장례 모시구. <u>그 부인 양반허구 종들허구 참 아들허구 있이유.</u> 그 아들 이름이 신
계호인데, 신계호가 그럭저럭 열두 살 먹었는디, 정승도 작고하고 인저 부인양
반하구 종들하고 이렇게 어린 아들 하나 데리고 지내는디, 종들 때미 상당히 의
심을 혀. <u>정승께선 재산이 많고 참 종들이 백여 명이나 되는디.</u>

최운식, 《한국의 민담 1》 299~300쪽

(다) 그놈이 <u>넘우(남의) 집을 살아.</u> 넘우 집엘 산디, <u>성도 없지. 아무것도 없고</u>
넘우 집 살아. 그란디, 나온께 상거(상여)가, 나무 와서 홋장 짚고 있은게, 상거가
나온디, 근사한 부잣집 상거가, 나와 송장이. 상거가 나와. 아, 그란디 갈량(가령)
천광 지을라믄 묏을 쓸는 디는 여긴데, 저만 가서 지게를 깔고 앉았는디, 상거가
오더마는 딱 놓더이, <u>생인이 한 댓 되고</u> 그란디, (줄임)

김승찬, 〈한국구비문학대계〉 6-3 전남 고흥군 편, 347쪽

보다시피 거의가 푸는 꼴이다. 만약에 (가)에서 밑줄 그은 곳을 꾸미는
꼴로 바꾸어 쓴다면 어떻게 될까? "옛날에 혼자 사는 총각이 째그만 집에
서 어렵게 살았는데요." 이렇게 될 터인데, 입말에서 이런 꼴은 그리 흔치

않다. 꾸미는 꼴은 말차례가 바뀌어서 어딘가 어수선하다는 느낌이 든다. 글로 읽어서 차이를 못 느끼겠으면 귀로 들어 보아라. 분명히 느낌이 다를 것이다. 시험 삼아 (나)와 (다)에서 밑줄 그은 곳도 꾸미는 꼴로 바꾸어 말 맛을 서로 견주어 보기 바란다.

다음에 보기를 든 문장은 모두 아이들이 읽는 옛이야기 책에서 뽑은 것 이다. 이것도 일부러 고르려고 한 게 아니라 눈에 띄는 대로 옮겨 쓴 것이 니, 다시쓴 옛이야기 책 속에 이와 같은 문장이 많다는 걸 의심할 필요는 없다.

(가) 옛날 아주 먼 옛날, 공주만 셋을 둔 어느 임금님이 살고 있었습니다. (줄 임) 그 또랑또랑한 눈매와 높지도 낮지도 않은 알맞은 코, 반달같이 갸름한 귀, 그리고 붉고 작은 입과 고른 이, 눈같이 흰 목덜미가 정말 눈에 넣어도 아프지 않 을 만큼 예뻤습니다.

(나) 옛날 어느 곳에 부지런한 아들 네 형제를 둔 농부가 살고 있었습니다. (줄 임) 방을 본 사람들은 보물을 찾으려고 무진 애를 썼지만 도무지 알 길이 없었습 니다. 나라에서 보물 종을 찾기 위해 애쓴다는 소문을 들은 아버지는 네 아들을 불러 앉혀 놓고 분부하였습니다.

(다) 옛날 어느 산골 마을에 피리를 잘 부는 한 나무꾼 총각이 있었습니다. (줄 임) 나무꾼 총각은 벼랑 아래 떨어져 죽은 호랑이들의 가죽을 벗겨다 팔아서 잘 살게 되었다고 합니다.

한눈에 보아도 꾸미는 꼴을 많이 썼다는 걸 알 수 있다. (가)에서 밑줄 그은 곳을 푸는 꼴로 고친다면 이렇게 될 것이다.

옛날 아주 먼 옛날 어느 임금님이 살았는데, 이 임금님한테는 <u>딸이 셋 있었습니다.</u> (줄임) 눈매는 <u>또랑또랑하고,</u> 코는 <u>높지도 낮지도 않고,</u> 귀는 <u>반달같이 갸름하고,</u> 입술은 <u>빨간 게 조그맣고,</u> 이는 <u>고르고,</u> 목덜미는 <u>눈같이 하얘서</u> 정말 눈에 넣어도 아프지 않을 만큼 예뻤습니다.

재미 삼아 (나)와 (다)에서 밑줄 그은 곳도 푸는 꼴로 바꾸어 보기 바란다. 훨씬 술술 잘 읽힐 것이다.

요새 나오는 글 가운데 꾸미는 꼴을 함부로 써서 너무 길고 어수선하고 배배 꼬인 문장이 많은데, 이런 말버릇은 아무래도 서양 말과 글 옮김 투에서 영향을 받은 게 아닌가 싶다. 입말을 입말답게 쓰면 자연스럽게 푸는 꼴이 된다. 이를테면 우리 나라에선 일을 잘한 사람을 칭찬할 때 보통 "잘한 일이야" 하지 않는다. 그렇게 말하면 비꼬는 뜻이 되기 십상이다. 대부분 "(일을) 잘했어" 한다. 또, 밝은 달을 쳐다보고 감탄할 때도 "얼마나 밝은 달인가!" 하는 사람은 드물다. 다들 "달이 참 밝다!" 하지.

말마디가 짧다

아이들이 하는 말을 들어 보면 참 쉽다. 낱말이 쉬워서 쉽기도 하지만, 말이 기다랗게 늘어지지 않고 짧게 매듭이 지어져서 더 쉽다. 말이 한 마디씩 끊어져 나오기 때문에 뜻이 차례대로 분명하게 전달되고, 그래서 알쏭달쏭

하거나 고개를 갸웃거릴 일이 아주 없다.

　솜에서 술냄새 났어요. 그런데요 피 뽑을 때요, 박찬우하고 유종빈이 소리치
고 울었고요, 신근호는 살짝 울었어요. 일곱 살인데 울어요.

박문희, 《마주이야기, 아이는 들어 주는 만큼 자란다》 102쪽

아이들 말뿐이 아니다. 글보다 말에 익숙한 할아버지 할머니들이 하는
말도 그렇다.

　난장을 벌이믄 노름이 성혀. 팔도 노름꾼이 죄 뫼는 거여. 뺑이 노름이란 것두
있지. 그기 뭐냐믄 뺑이를 돌리는 거여. 뺑이를 돌리는디 종우에다가 일이삼사
를 그려 놔.

유진룡, 《장돌뱅이 돈이 왜 구린지 알어?》 〈민중 자서전 5〉 64쪽

말이 이렇게 짧게 나뉘는 것을 두고 '호흡이 짧다'고도 하지만, 나는 '말
마디가 짧다'고 하고 싶다. '호흡'이라는 한자 말보다는 "말 한마디로 천
냥 빚을 갚는다" 할 때처럼 '마디'라는 말이 더 어울려 보여서다. 이것은 문
법에서 말하는 '음절'과는 다른 뜻이고, '문장'이나 '구' 또는 '절'과도 다른
뜻이다. 말하자면 온전한 한 가지 뜻을 가진 말 덩어리다.
　앞에 보기를 든 어린이 말을 다시 한번 살펴보자. 첫마디는 "솜에서 술냄
새 났어요"이고, 여기서는 글 한 문장이 곧 말 한 마디가 되었다. 둘째 마디
는 "그런데요 피 뽑을 때요, 박찬우하고 유종빈이 소리치고 울었고요"다.
이것을 몇 문장으로 볼 것이냐는 성가신 문제다. 겉으로 드러난 꼴만 본다

면 아직 문장이 온전히 끝난 것도 아니다. 하지만 말마디는 이것으로 매듭이 딱 지어졌다. 여기까지 듣고 아직 무슨 뜻인지 모르는 사람은 없을 테니 말이다.

다음 보기에서 빗금 그어 놓은 데가 말마디가 나뉘는 곳이다. 찬찬히 살펴보면 여러 문장이 모여서 한 마디가 되기도 하고, 한 문장이 여러 마디로 나뉘기도 한다는 걸 알 수 있다.

> 삼태기 있잖아. 짚으로 엮은 거. 그걸 막대기로 받쳐 놓고, / 그 밑에 좁쌀을 뿌려 놓거든. / 막대기에 줄을 매어서 손에 쥐고, / 딱 숨어 있지. 문 뒤에나 나무 뒤에나, 안 보이는 데.

말마디가 짧으면 말이 나오자마자 바로바로 알아들을 수 있어 아주 쉽고 깔끔하게 뜻이 전달된다. 말마디가 길면, 듣는 이는 그 말이 끝날 때까지는 무슨 뜻인지 종잡을 수 없는 채로 귀를 기울여야 한다. 듣는 이가 참을성을 기를 수 있을지는 몰라도, 뜻을 분명하게 전달하는 데는 좋지 않다. 예를 들어 신문 기사 가운데 한 문장을 옮겨 보면 이렇다.

> 올해로 아홉 번째 열리는 구룡포 특산품 축제는 많은 지역 축제들이 정작 해당 지역 생산자들은 뒤로 밀리고 자금력을 앞세운 외지 대형 상인들에 의해 주도되는 것과는 달리 준비 단계부터 최종 마무리까지 모두 현지 주민들이 진행한다는 점에서 소박하지만 내실 있다는 평가를 받고 있다.
>
> 〈○○신문〉 2006년 12월 26일

이건 별난 보기가 아니다. 신문을 읽어 본 사람이라면 많은 신문 기사가 이와 비슷한 문장으로 되어 있다는 사실을 알 것이다. 참을성 있게 끝까지 읽어 보지 않으면 뜻을 알기 어려운데, 그건 말마디가 길기 때문이다.

우리 옛이야기는 어떨까? 쉽게 짐작할 수 있는 것처럼 말마디가 짧다. 말마디가 끝날 때마다 빗금을 그어 두었으니 살펴 가며 읽어 보기 바란다.

효자 얘기 또 한마디 하지. / 부모님이 워디 귀경을 안 갔어요. / 자손 키느라구 목 갔지. / 자손 키느라구 묵 갔지, / 살림살이 허느라구 목 갔지. / 암디두 구경 못 댕기구서 / 참 중간이 시상을 떴네요? / 중간이 시상을 떴는디 / 저승이를 가닝게,

"너는 가거라. / 너는 저승이 못 들어간다. / 세상에 팔로강산 귀경은 안 댕기구서 / 니가 웅? 무슨 저승이를 왈 올라구 왔느냐? / 너 팔로강산 귀경을 안 댕기구서 / 네가 무슨 저승이를 들어, 갈라구 왔니? / 널랑 마루 밑이 가서 / 개나 돼 가지구 집이나 지켜 줘라, 자손덜. (줄임)"

박계홍, 〈한국구비문학대계〉 4-5 충남 부여군 편, 490~491쪽

한 부부가 살았는디, / 요렇게 여름에 더웠던갑데. / 그런디 살림은 곤란해. / 그러니까 이 앞에 당산나무 바로 저 나무구만. 저 나무 밑에 가서 / 가만히 누웠으니까, / 어디서 보물땅개비 한 마리가 후루루 날아오거든. / 보물땅개비라면 모르지. / 책에는 그것보고 사마귀라고 그러던가, / 도마뱀이 그것보고 보물땅개비라고 해. / 그랬는지 인자 고것이 딱 와서는 올라오거든. / 그 위에는 매미가 울어. / 가만히 누웠어. / 그래서 이놈이 잎사귀 하나를 짝 따서 / 이마박에다 딱 붙이고는, / 이 매미 옆으로 가서 / 얼른 매미를 딱 잡거든. / 그래서 가만히 보고

있다가 / 막대기로 딱 때렸어. / 때린께 잎사귀가 풀밭에로 떨어졌단 말여.

최내옥 외, 〈한국구비문학대계〉 6-10 전남 화순군 편, 318~319쪽

근처에 이런 건달이 있었대. / 이 사람이 팔도 건달이여. / 팔도 건달인데 일자 무식이란 말이여. / 팔도 건달이 일자무식인데 / 이 사람이 아무것도 몰라. / 글도 모르고 아무것도 몰라. / 그런데 그전 말로 들은풍월이라, / 그래고 은은 문자라 그러잖아. / 그래 어디 가든지 알게 들은 게 많거든. / 그전에는 옛날에 어디를 가든가 뭐 하면 그 인제 행랑채가 다 있었어요. / 지금은 세를 받고 이러지만 그전엔 세를 안 받고 / 그리고 이제 선비집이다 뭐 한 집이다 하면 사람들이 거 가서 그냥 있고 / 길 가는 이들은 자고 가고 / 응, 식객.

장장식 외, 《한국구전설화집 8》 서울 편, 276쪽

전하려는 말이 길고 복잡할수록 말마디를 짧게 여러 번 끊어서 전달하는 것이 우리 입말의 특징이다. 이를테면 전 미국 대통령 링컨이 했다는 "인민의, 인민에 의한, 인민을 위한 정부"라는 말을 우리 나라 사람이 한다면 이렇게 될 것이다. "인민의 정부여야 하고, 인민이 만든 정부여야 하고, 인민을 위한 정부여야 한다." 길이는 더 길어졌지만 말마디는 세 마디로 분명하게 나뉘었다.

다음은 서양 옛이야기를 우리 말로 옮긴 글인데, 찬찬히 살펴보면 말마디가 무척 길다.

아주 멀고 먼 옛날에, 아이를 낳지 못해 몹시 불행한 한 부부가 살고 있었다. / 그런데 그 착한 부부가 살고 있는 집 뒤쪽에는 조그마한 창문이 있었다. / 그 창

문으로 밖을 내다보면 온갖 아름다운 꽃과 야채로 가득 찬, 세상에서 가장 아름다운 정원이 하나 있었다. / 그러나 그 정원은 높은 담으로 둘러싸여 있었고, / 아무도 감히 담을 넘어 정원 안으로 들어갈 생각을 하지 못했다. / 왜냐하면, 힘이 굉장히 세어서 온 세상 사람들이 두려워하는 한 마녀가 그 정원의 주인이었기 때문이다.

김만기 옮김, 《어린이세계명작동화선집 1》 7쪽

만약에 이것을 우리 나라 사람이 입말로 얘기한다면 이렇게 되지 않을까?

옛날 옛적에 한 부부가 살았는데, / 이 사람들이 아이를 못 낳았어. / 그래서 참 외롭고 쓸쓸하고 그랬지. / 그런데 이 집 뒤에 창문이 조그마한 게 하나 있었거든. / 그 창문으로 내다보면 뜰이 보이는데, / 거기 꽃이야 풀이야 고운 게 많아서 참 보기가 좋아. / 그런데 아무리 좋으면 뭘 해? / 그놈의 뜰에 들어갈 수가 있어야지. / 둘레에 담이 죽 쳐져 있는데, / 담도 담이지마는 주인 때문에 그래. / 주인이 요술 부리는 할머니인데, / 아 그놈의 할망구가 좀 무서워야지.

임자말을 아낀다

"다 됐어?"

"아니."

"오십 분이야."

"알았어."

이런 말은 고갱이만 남고 곁가지가 다 잘려 나가서, 상황을 모르고 들으면 어리둥절할 수도 있겠다. 하지만 이것이 나들이 채비를 하는 자매가 주고받는 말이란 걸 알고 나면 누구나 고개를 끄덕일 것이다. 만약 위에서 잘려 나간 곁가지를 다 주워 붙여 온전한 문장을 만든다면 어떨까?

"언니는 나들이할 준비가 다 됐어?"
"아니. 나는 아직 나들이할 준비가 덜 됐어."
"지금 시간이 두 시 오십 분이야."
"나는 서둘러야 한다는 걸 알았어."

어떤가? 도리어 어색하지 않은가? 어색하게 느껴진다면, 이건 우리 입말이 아니다.

입말의 특징 중에 두드러지는 것이 경제성이다. 안 해도 될 말이면 될 수 있는 대로 안 하려는 성질이다. 안 해도 될 말 가운데서 으뜸가는 것이 바로 임자말이다. 누가 했는지 알 만한 상황에서는 굳이 말 임자를 밝히지 않는 것이다. 우리 말에서 임자말이 자주 빠진다는 건 널리 알려진 상식이기도 하다.

임자말이 빠지면 말이 어수선해지거나 뜻이 흐리멍덩해지지 않을까? 그렇지 않다. 오히려 말의 흐름에 거치적거리는 것이 없어 더 깔끔해진다.

나는 어제 도서관에 갔어. 거기서 <u>나는</u> 동화책 한 권을 읽었지. 그리고 <u>나는</u> 만화책 두 권을 빌려 가지고 왔어.

이 글에서 밑줄 그은 곳을 빼고 읽어(들어) 보아라. 말이 훨씬 더 매끈하게 잘 이어진다는 걸 알 수 있다. 그리고 뜻 전달에도 아무런 문제가 없다.

우리 옛이야기에는 임자말이 얼마나 잘 빠지고, 어느 때 빠지는지 살펴 보자.

저 서울서 과게를 해 가주고 하도 고을 살로 떡 내레왔거든. 고을 살로 떡 내레 와 가주고, 지목한 그 고을에 도움을 하고 떡 사는데, 어떻금 인심을 얻어 놨는 지, 친구들이 많기가 한정 없이 많고, 전부 다 좋아하거든. 고을로 이십사 색 살 고, 이십사 색을 떡 살고 올라갈라 카이께네, <u>친구들이</u> 못 가도록 막 꽉 뿟든다. 꽉 뿟드는데. 인심도 얻고 돈을 많이 벌었던 모양이라. 뿟드는데, 뿟들래 몬 가는 데. 그 마실에 원캉 아주 절친한 <u>친구가</u> 하나 있는데. 원칸 못살아. 사흘에 죽도 한 그륵 못 해 먹고 있는데. 이거로, 그 고을에, 나락 수무남 섬씩, 수무 석씩 주 고, 돈도 주고. 이래가 장 살아가는데.

조동일 외, 〈한국구비문학대계〉 7-3 경북 경주시·월성군 편, 68~69쪽

보다시피 정작 이야기 주인공인 '원님'은 단 한 번도 임자말로 쓰이지 않 았다. 여기서 임자말 구실을 하고 있는 건 중간에 딱 한 번씩 나오는 '친구 들'과 '친구'뿐이다. 이 두 마디를 빼면 다른 말은 모두 말 임자가 원님이기 때문에 구태여 밝힐 필요가 없는 것이다. 세상에 이렇게 임자말을 아끼는 말이 우리 말 말고 또 있을까 싶다.

그런데 아무리 임자말을 꺼리는 우리 말도 어쩔 수 없는 경우가 있다. 어 떤 꼴로든 임자말을 꼭 써야 할 때가 있으니, 바로 말 임자가 바뀔 때다.

지리산 같은 짚은 산속이가 <u>송 가가</u> 하나가, 저그 어마니를, 지그 부모를 모시

고 사는디, 총질을 해서 먹고살어. 짐승을 잡아다가 팔아먹기고 허는디. 저그가 해 먹기도 하고 양식도 사 먹기도 하고 그렇게 해서 사는디. 아 난중에 그 근방에 짐승을 다 잡아먹었거든. 읎어. 아 근게 멀리 가야 허겠거든. 수슥밥을 싸서 그놈을 변도(도시락)에다 싸 가지고서 얼매고 올라간게 아! <u>중 하나가</u> 누웠는디, 눈급쟁이 딱딱 쪄 가지 누웠는디. 죽을라고 혀. 그래 수슥밥을 입다 떠 넣어 준게 연이(바로) 복색이 살아나. 그래 가지고 살아났단 말이여. 살아나선 <u>그 중이</u>, "참 도령이 날 살렸으니, 나도 도령 공을 갚어야겠다"고, "내가 도령 집을 찾아오는 질이라"고.

최내옥 외, 〈한국구비문학대계〉 6-8 전남 장성군 편, 409~410쪽

이 이야기에서 주인공은 사냥꾼 '송 가'다. 그래서 처음에 '송 가가'라는 임자말이 한 번 나오고 더는 나오지 않는다. 그런데 중간에 '중 하나가' 나오면서부터 이야기가 조금 복잡해진다. 이야기를 이끄는 사람이 둘이기 때문에 임자말을 꼬박꼬박 쓰지 않으면 헷갈릴 수도 있는 상황이다. 임자말을 둘 다 써도 좋겠지만, 여기서는 '송 가가'는 생략되고 '그 중이'는 들어갔다. 이렇게 해서 말 임자가 누구인지 분명하게 밝힌 것이다.

그런데 때로는 우리 말에서도 임자말이 조금 수다스럽게 자주 들어가는 경우가 있다.

시굴 한 마을에 송 <u>씨허구 명 씨허구</u>. 밝을 명 자 명 씨, 명 씨하구 한마을에 사는데, <u>명 씨는</u> 조금 부유해서 사랑방두 있구 뭐 헌데, <u>송 씨는</u> 아랫집이, 그 아랫집이 사는데, 조금 모지리야. 응 재산이. 그러나, 동문수학허기 때문에 같이 글 배우고 동문수학허기 때문에 그저 먹으믄 그 송 가, 아니 명 가네 집이루 그냥냥

마을을 가는데 아니, 이 <u>명 가가</u> 송 씨만 오면, "허, 허수애비 아들 왔니?" 아, 이러구 얘길 허거든. 헌디 아 이 <u>송 씨가</u> 아무리 생각을 해두 이걸 당최 이 명 가를 이길 도리가 없어.

조희웅, 〈한국구비문학대계〉 1-1 서울시 도봉구 편, 64쪽

이 이야기에서 송 씨와 명 씨는 처음부터 똑같은 비중으로 나온다. 주인공이 둘인 셈이다. 그래서 두 사람 이야기를 할 때 그 이름을 번갈아 내세우지 않을 도리가 없다. 어느 한쪽 임자말을 빼 버리면, 바로 그 사람이 주인공이 되고 다른 사람은 들러리가 돼 버리기 때문이다.

간추려 말하면 이렇다. 우리 입말은 임자말을 아낀다. 말 임자가 바뀔 때, 또는 두 주인공이 똑같은 무게로 이야기를 이끌 때만 임자말이 분명하게 들어가고, 빠져도 좋을 곳은 다 빠진다. 다음 글에서 밑줄 그은 임자말 가운데 빼도 좋을 곳을 가려내 보자.

옛날 옛날 한 <u>나무꾼이</u> 살고 있었습니다. 비록 <u>그는</u> 백두산 아래에 있는 작고 보잘것없는 초가집에 살았지만 마음씨가 좋아 남을 도와주기를 좋아했습니다. 그런데 <u>이 나무꾼은</u> 가난한 탓에 스무 살이 되도록 아내를 얻을 수가 없었습니다. 그러던 어느 날이었습니다. 이날은 살을 에이듯 추웠을뿐더러 큰 눈이 내려 3척이나 쌓였습니다. 그러나 <u>이 나무꾼의 집에는</u> 밥 짓는 연기가 끊어졌으며, 헝겊을 겹쳐 기운 이불로는 추위를 막지 못했습니다. <u>나무꾼은</u> 마음을 굳게 먹고 도끼며 낫 등을 챙겨 짊어지고 나무를 하러 산으로 올라갔습니다. (줄임) <u>나무꾼은</u> 가까스로 해 뜨는 산비탈에 올라 큰 도끼를 휘둘러 나무를 베기 시작했습니다.

연변민간문학연구회, 《연변의 견우직녀》 117쪽

임자말을 빼고 우리 입말답게 고치면 이렇게 되지 않을까.

옛날 옛날 한 <u>나무꾼</u>이 살았어. 백두산 아래 조그마한 초가집을 짓고 살았는데, 마음씨가 좋아서 남을 잘 도와줬지. 그런데 나이 스무 살이 되도록 장가를 못 갔어. 왜 그런고 하니 너무 가난해서 그래. 하루는 눈이 많이 왔는데 나무가 없어서 불을 못 때게 됐거든. 그러니 얼마나 추워? 그래서 견디다 못해 나무하러 산에 올라갔지. 그 눈 속에 말이야. 어찌어찌 힘겹게 산에 올라가서 나무를 했어.

끝말이 아기자기하다

입말과 글말이 어떻게 다르냐고 물으면 누구든지 먼저 쓰이는 낱말이 다르다고 대답할 것이다. 입말에는 토박이말이 많이 쓰이고 글말에는 한자말과 들온말이 많이 쓰일 테니 옳은 지적이다. 다음으로 또 무엇이 다른가? 나한테 묻는다면 바로 끝말을 들겠다. 입말은 말끝이 아기자기하고 글말은 그렇지 않다.

사람들은 말을 할 때 여러 가지 끝말을 쓴다. 편한 자리에서 말할 때는 더 그렇다. 만약에 어떤 사람과 마주 앉아 얘기할 때, 상대가 말끝을 깡그리 '-다'로 못 박아 말한다면 어떨까?

"지금 시각은 열두 시다. 나는 열두 시 오 분 전에 왔다. 너는 열두 시 오 분에 왔다. 나는 오 분 일찍 왔다. 너는 오 분 늦게 왔다. 나는 십 분 동안 기다렸다."

나 같으면 무서워서 그런 자리에 오래 앉아 있지 못할 것 같다.

자연스러운 입말에서 끝말은 어떻게 나타날까? 입말을 그대로 받아쓴 글을 한번 읽어 보기로 하자.

참 옛날에 양반들 눈꼴신 짓 많이 혔네. 우리 나라가 그 양반들 땜에 망헌 것 아녀? 자기들은 옛날에 한자깨나 배왔다고 글을 안게 시조를 지어서 불르고, 발 바닥 문질러 감서 외약손으다 담뱃대 들고, 하여간 눈꼴신 짓을 많이 했응게. 그리서 왜정 시대 때 양반들이 왜놈들한티도 많이 맞았지. 일 안 허고 논다고, 너그들이 뭐간디 일 안 허고 노냐고, 비국민이라고 맡여.

신기남, 《어떻게 허먼 똑똑헌 제자 한 놈 두고 죽을꼬?》 〈민중 자서전 3〉 84쪽

몇 마디 안 되는 말이지만 말끝이 다 다르다. 말끝마다 느낌도 묘하게 다르다. 그렇게 저마다 다른 끝말이 어울려 멋진 말밭을 만들었다. 그래서 그런지 말맛이 참 구수하다. 한 대목 더 읽어 보자.

그러고 옛날에 반상 간에 담뱃대에다 담배를 먹잖여? 그러먼 상놈은 담뱃대도 못 들고 가. 담뱃대도 요리 속으다 찔러서 손으로 잡고 가지. 감춰 갖고 가. 양반 사는 동네서는 담뱃대도 못 들고 간당게. 양반이란 것은 담뱃대도 들고 두루매기 입고 이렇게 팔자걸음 걸어야 그게 양반이란 것이거던. 그러니 그게 뭣이여? 아무것도 아니지.

같은 책, 86쪽

먼저 묻는 말이 나오고, 이어서 푸는 말이 연달아 나온다. 그런데 똑같이 푸는 말이면서도 말끝이 다 다르다. 뜻이 같아도 "가" "가지" "간당게" 처

럼 끝말이 다르니까 느낌도 달라지지 않는가? 일부러 그런 건 아니고, 말하다 보니 저절로 그렇게 되었다. 이야기가 재미있으니 몇 마디만 더 들어보자.

> 근디 양반이라고 다 그런 것은 <u>아녀.</u> 가령 벼슬아치가 되면 그 돈 벌어들이고 권세 부리고 다들 그렇게 살지마는 옛날에는 참 깨끗허니 사신 양반들도 <u>많았어.</u> 지금이사 그런 사람들이 어디 <u>있가디?</u> 벼슬 좀 헌다 치면 돈 벌고 권세 부리니라고 눈이 <u>벌건하지.</u> 요새 벼슬허는 놈들은 다 도둑놈들 <u>아녀?</u>

같은 책, 87쪽

이쯤에서 궁금증이 하나 생긴다. 우리 입말에 쓰이는 끝말은 몇 가지나 될까? 한 북녘 학자 조사에 따르면 입말체 문장 2,438개에 쓰인 끝말(맺음토)은 무려 170가지나 되었고, 그 가운데 열 번 넘게 쓰인 것만도 62가지다. 거기에 견주어 글말체 문장 2,563개에 쓰인 끝말은 32가지였고, 그 가운데 열 번 넘게 쓰인 것은 7가지밖에 없다.(최명식, 《조선말 입말체 문장 연구》 65쪽) 더구나 글말에서 풀이하는 문장(서술문)에 쓰이는 끝말은 오로지 '-다' 한 가지뿐이다.(노대규, 《한국어의 입말과 글말》 68쪽)

글말이 입말과 멀어진 원인 가운데 으뜸가는 것이 바로 이 끝말이다. 아기자기한 끝말을 써서 재미있게 말하던 사람도 글을 쓸 때는 너나없이 정색을 하고 끝을 '-다, -다, -다'로 못 박아 버린다. 이것은 말맛을 크게 떨어뜨리고 말투를 딱딱하게 할 뿐 아니라 읽는 재미마저 없애 버린다.

옛이야기 끝말은 어떨까? 두말할 것도 없이 아기자기하다. 아무리 말재주가 없는 사람이라도 한두 가지 끝말만 쓰는 경우는 없다.

예전에 어떤 정승, 정승카마 이조 때거든. 정승 집이 되노이 권리가 있고, 정승 어른이 인자, 정승이 상주가 됐는데, 미를 쓸 챔인데, 그 일등풍수 데리고 와 가주고 가 보이 참 좋아. 참 명당이라. 이래서 거 참 미를 씰라꼬 카는데, 고 고 밑에, 고 고 산하에 어느 참 위딴(외딴) 데 집이 한 집에 사는 사람, 저 어른이 죽어 가주고, 정승 미 쓸라카는 바로 밑에 거 먼첨 써 놨어.

대구시 달성군 최팔영, '할아버지 무덤 지킨 아이', 서정오 받아씀

하두 오라서(오래돼서), 중국 시대 얘기라고 했나, 이조 시대 얘기라고 했나. 얼른 그역은 안 나느만. 지금두 천재가 많이 있지마는 그때도 아마 지금버덤 더 특수한 천재가 있었던 모양이여. 그 나라 임금님께서, 지금 말하무는 화백이지만, 그때는 인저 화공이라. 그래서 화공을 불러서, "내 이 화상을 하나 잘 그려 놔라" 명령을 하셨단 말이야. 천자가, 그 화공이 임금님 명령을 받고서 복종 안 할 수가 없어서, 그 임금님 화상을 잘 그려 놨단 말이야. 그려 놓고서는 화제를 써야 할 텐데 화제를 뭐라고 쓸지 당체 영 생각이 안 나서 말이여, (줄임)

조희웅, 〈한국구비문학대계〉 1-1 서울시 도봉구 편, 41쪽

원이 열다섯 살 먹어서 와서 인자 쬐깐헜더라. 원이. 긍게 하도 쬐깐허고 나이 어리구. 쬐깐헌 게 그 밑읫 놈들이 원을 깔보고 구실릴라고 허고 그려. 긍게. 원은 적으까 몰라도 의견이 능통혀. 꾀가 비상허고 누가 비교, 인자 무신 질문을 혀도 능히 대답을 헐 만한 그런 자격을 가졌기 때문에 원으로 왔어. 적어두. 그런디 우선 쬐깐헌게 얕본다 그말여. 그런게 원이 수숫대기를 끊어 오라구 혀 가지구 접어서 뭐 엇다 느라고 혔댜. 느면 그것이 커서 못 접어 넣어. 그 수숫대기를. 이 엇다 느서 접어서 느라고 혔다. "너 수수가 멫해 큰 것이냐?" 그러구 물었댜. 물론 알

믄서 <u>묻지.</u>

이강석, 《이강석 구연설화집》 164쪽

이제부터 글을 쓸 때 아주 조금이라도 끝말을 '-다'에서 벗어나게 하여 숨통을 틔워 주는 건 어떨까? 어렵겠다고? 글쎄, 모든 서술문은 '-다'로 끝나야 한다는 굳은 생각만 버리면 그리 어렵지는 않을 것 같은데?

소만 치는 것도 농사라 하고 꽃만 가꾸는 것도 농사라고 해서 이것도 '(젖소)농사' '꽃농사' 하면 될 터인데, 요새는 '낙농업' '화훼농업' <u>한다.</u> 꽃을 꽃이라 하면 값이 안 나가고 '화훼'라 해야 값이 더 나가는 <u>모양이지.</u> (줄임) 굳이 이런 뜻을 알리고 싶다면 우리 말로 하면 얼마나 <u>좋겠는가?</u> 그런데 쉬운 우리 말로써는 권위가 서지 <u>않거든.</u> 남들이 쳐다보지 <u>않거든.</u> 그래서 '신토불이' 무슨 말인지 알 수 없는 말, 그것도 한문 글자로 쓰게 <u>된다.</u>

이오덕, 《아이들에게 배워야 한다》 298~290쪽

어떤 이는 이런 글을 보고, "아이들은 몰라도 어른들이 읽기에는 좀 뭣하다. 반말을 듣는 느낌이라서" 하더라. 정말 그럴까? 따지고 보면 예사 글말체야말로 낮춤말 가운데서도 낮춤말이다. 끝을 모조리 '-다'로 맺는 말보다 더 무례한 낮춤말이 어디에 있나? 입말 투 끝말이 거북한 느낌이 드는 건 '-다'에 익숙해서 그렇지, 낮춤말이어서가 아니다.

끝말이 없거나 그다지 중요한 구실을 못 하는 다른 나라 말에 견주면 우리 말에서 끝말은 매우 큰 구실을 한다. 말맛을 아기자기하게 하고 지루함을 덜어 주며 느낌을 분명하게 해 주는 것이다. 또 말에 생기를 불어넣어 주기도 한다. 입말체 끝말을 살리는 일은 이래서 필요하다.

이음말을 쉽게 쓴다

다음 묶음표 안에 알맞은 이음말을 넣으시오.
"철수야, 안녕" 하고 영희는 반갑게 인사를 하였습니다. (　　　) 철수는 아무
　　말도 하지 않았습니다.

누구나 학교 다닐 때 이 같은 국어 문제를 풀어 보았을 것이다. 나는 이런
문제가 유난히 알쏭달쏭해서 풀기 어려웠는데, 다른 분들은 어땠는지 모르
겠다. 위 문제도 재미 삼아 풀어 보기 바란다. '그러나'와 '그런데'를 놓고
저울질하다 보면 이런 생각도 든다. 만약에 철수가 무엇에 토라져서 영희
와 말도 안 하기로 작정했다면? '그래서'를 넣어야 하지 않을까?

사실 우리 입말에는 이음말이 그다지 많이 쓰이지 않는다. 말 앞에 놓이
는 이음말은 더구나 그렇다. 서로 다른 것을 견줄 때도 우리는 보통 이렇게
말한다. "형은 키가 커. 동생은 작고." 구태여 "형은 키가 커. 그렇지만 동생
은 키가 작아"라고 하지 않아도 된다는 말이다. 요새 들어 이음말을 중요하
게 여기게 된 것은 아무래도 다른 나라 말본에 영향을 받아서인 듯하다.

이음말이 글과 말에서 어떻게 다르게 쓰일까? 두 가지 자료를 살펴보았
다. 중학교 1학년 1학기 국어 교과서와 〈한국구비문학대계〉 1-1 서울 도봉
구 편이다. 먼저, 교과서에 나온 이음말을 뽑아 보았더니 다음과 같이 일곱
가지 37개가 나왔다.

1. 앞말과 비슷한 뜻으로, 또는 시간 차례로 말을 이어 갈 때 : 그리고, 그러고
  는, 그러고 나서, 다음으로, 또, 또는, 또한, 더 나아가, 더구나, 아울러, 뿐
  만 아니라

2. 앞말과 맞서는 말을 할 때 : 그러나, 그렇지만, 하지만, 그러면서도, 그럼에
  도 불구하고, 다만, 오히려

3. 앞에서 한 말을 더 자세히 설명하거나 보기를 들 때 : 다시 말하면, 요컨대,
  즉

4. 앞에서 한 말의 결과를 말할 때 : 그래서, 그러니, 그러니까, 그러므로, 그리
  하여, 따라서, 그 결과, 그렇게 함으로써

5. 원인을 말할 때 : 왜냐하면

6. 화제를 바꿀 때 : 그러면, 그런데, 그렇다면

7. 말을 맺을 때 : 끝으로, 드디어, 마지막으로, 마침내

글에서는 대체로 이음말이 많이 쓰이고, 또 가짓수도 많다는 것을 알겠
다. 성격이 같은 이음말도 때에 따라서 이것저것 쓰는데, 글을 더 정교하게
쓰려다 보니 그렇게 된 것 같다. 글을 꼼꼼하게 쓰는 것은 좋은데, 이음말
이 너무 복잡해 오히려 읽는 이를 피곤하게 하지나 않을지?

이번에는 말에 쓰이는 이음말을 살펴볼 차례다. 알다시피 〈한국구비문학
대계〉는 입말로 한 옛이야기를 그대로 받아써 놓은 책이다. 여기에 나오는
이음말을 대충 뽑아 보았더니, 다음과 같이 두 가지 9개가 나왔다. 사투리
또는 소리만 조금 다르게 나온 말은 모두 같은 말로 쳤다.

1. 앞말과 비슷한 뜻으로, 또는 시간 차례로 말을 이어 갈 때 : 그래, 그래서(그

래선), 그래 가지고(그래 갖고는), 그러고(그러구, 그러고는, 그라고는, 그러고
선), 그러니, 그러니까(그런게, 그러니께, 이럭허니끼니, 그렁개, 그래니까, 그러
닝게), 그러다가(그래다가), 그랬더니(그랬드니)

2. 화제를 바꾸거나 앞말과 맞서는 말을 할 때 : 그런데(근데, 그란데, 그런디, 그
란디, 근디)

가짓수가 두 가지밖에 안 되는 것은, 쓰임이 뚜렷하지 않아서 더 자세하게 나누기 어려웠기 때문이다. 예를 들면 글말에서 '그래서'는 뚜렷하게 앞뒤가 '원인-결과'로 이어지는데, 입말에서는 그저 버릇처럼 '그래'나 '그래서'를 넣어 말하는 경우가 많다. '그러니까'도 마찬가지다. 또 글말에서라면 '그러나'를 쓸 곳에 입말에서는 거의 '그런데'가 들어간다. '그런데' 하나가 글말에서 쓰이는 이음말 여러 개 구실을 다 하는 것이다.

이처럼 말은 글보다 이음말이 훨씬 적게 쓰이고 그 쓰임이 잘게 나뉘지 않는다. 실제로 옛이야기를 들어 보면 정말 그렇구나 느낄 것이다.

시골 어느 농촌에 설라무니 젊은 사람 하나가 글을 읽구 있는데 한 십여 년을 아주 글만 읽었어요. <u>그런디</u> 그 아내 된 부인은 자기 남펜이 글 읽어서 출세하기를 바라느라구 뒷바라지를 할 거 아니겠어요. <u>그랬드니</u> 어려운 살림에 이 사람은 두문불출하구 글만 읽구 앉었으니 살림 꼴이 되겠어요, 그거? <u>그런디</u> 그 십여 년 읽느라구 그 애를 쓰는디 어니 날(어느 날) 그 부인이 마당에다가스리 보리명석을 이리 널어 놓구서 남의 일을 갔어요. <u>근디</u> 일 간 도중에 보니께니 간간이 소나기가 퍼붓거든. 그 생각헐 적이 자기 남펜이 방에서 글 읽느라구 내다두 안 뵐께란 말야. 게 깜짝 놀라서 달음질루 집에 와 보니께 아니나 마나 마당에 보리멍

석이 비에 둥둥 떴더랍니다. (줄임) <u>그래</u> 서울을 향하구서 갑니다. 덮어놓구 몇 날 몇일을 갔던지 가다 쉬구 가다 쉬구 갔는데 결국 서울이라는 데를 당도했어요. <u>그러니</u> 처음에 서울 와 보니 어디가 어딘지 알아야죠. 이리저리 돌아다녀 보니 그중에 지붕마루가 길죽한 집이 하나 있어. 그 집일 찾아 들어갔습니다. 찾아 들어가 보니끼니 상노방에 가설라무니 자기와 똑같은 과객이 한방에 그뜩히 앉아서 쓸데없는 잔소리를 하구 앉았어요. <u>그래</u> 그 방에 가서 슬며시 한편 구석에 쭈그리구 앉았죠.

조희웅, 〈한국구비문학대계〉 1-1 서울시 도봉구 편, 144~145쪽

말하는 이는 이음말을 뚜렷한 목적을 가지고 쓰지 않았다. 그저 버릇처럼, 없어도 될 곳에도 쓰고 어울리지 않는 말도 거침없이 썼다. 쓰인 말도 '그런데(그런디, 근디)'와 '그러니(그랬드니)'와 '그래', 이 세 가지뿐이다. 주로 화제를 돌리거나 앞과 맞서는 말을 꺼낼 때는 '그런데'를, 앞뒤를 시간 차례로 이어 주거나 별 뜻 없이 말을 이을 때는 '그래'를 썼다. '그러니'는 빼도 될 곳에 버릇처럼 넣었다.

입말에서 이음말 가짓수가 적고, 또 쓰임이 경계를 넘나드는 것은 언뜻 치밀하지 못해 보인다. 두루뭉수리로 보이기도 한다. 이것은 말이 글보다 투박하기 때문이기도 하지만, 그보다는 노리는 바가 달라서 그렇다. 입말이 이음말을 대수롭지 않게 보는 것은, 성의가 없어서라기보다는 그럴 필요가 없기 때문이다. 이음말은 앞뒤를 이어 주는 것으로 그 구실이 끝난다. 이음말을 듣고 뒷말을 대충 짐작할 수는 있겠지만, 말뜻은 어차피 뒷말을 다 들어 보아야 알 수 있다. 그런데도 구태여 이음말을 복잡하게 쓸 필요가 있겠는가.

글을 쓸 때는 말할 때보다는 좀 더 조심해서 이음말을 가려 쓸 필요가 있을지도 모른다. 하지만 이음말이 지나치게 많고 복잡하면 글이 어수선해진다. 심하면 공연한 멋 부리기나 말장난이라는 덤터기를 쓰기 딱 좋다. 글말과 입말의 차이를 줄여야 한다면, 말할 때도 이음말을 복잡하게 쓰라고 할 게 아니라 글을 쓸 때 이음말을 쉽고 편하게 쓰라고 하는 편이 옳다.

삼인칭대이름씨가 없다

우리 옛이야기에 가장 많이 나오는 주인공 이름은 무엇일까? 돌쇠? 김 서방? 이쁜이? 다 정답이 될 수 있지만 정확하게 말하면 '이름 없는 사람'이다. 우리 옛이야기에서 주인공이 나무꾼이면, 이름이 따로 있기보다 그 '나무꾼'이 이름 구실을 하는 경우가 많다. 농사꾼이면 농사꾼이, 스님이면 스님이, 처녀면 처녀가 곧 이름이다. 마찬가지로 어머니, 아들, 형, 아우도 이름 대신 쓰인다. 이도 저도 아닌, 그냥 '웬 사람'이 주인공으로 나올 때도 있다. 우리 옛이야기는 말 그대로 이름 없는 백성들 세계다.

이름이 없다 보니 가리키는 말(대이름씨)도 따로 있을 리 없다. 서양 말 '그'나 '그녀'에 맞먹는 말이 없다는 말이다. 꼭 누군가를 가리켜야 할 때는 나무꾼, 농사꾼, 스님, 처녀 같은 말을 그대로 쓰거나, 그런 이름조차 없으면 그냥 '그 사람'이라고 한다. 대이름씨를 쓸 자리에 '그(이) 사람' '그(이) 양반' '그(이) 아이'처럼 매김씨에 이름씨를 붙여 쓰면 그만이다. '그'나 '그녀' 같은 삼인칭대이름씨는 일본 소설과 서양 소설에 영향을 받은, 이른바 '현대 소설'이 나오기 전까지는 우리 말에 없었다.

우리 말에는 왜 삼인칭대이름씨가 없는가? 그것은 임자말을 자주 빼는 버릇과 관계있어 보인다. 말 앞에 꼬박꼬박 임자말이 놓이면, 그때마다 이름을 말하기 번거로우니까 자연히 대이름씨를 쓰게 된다. 이를테면 "잭이라는 아이가 있었어. 잭은 어느 날 산에 올라갔지. 잭은 산에서 사슴을 만났어"라는 말을 하다 보면, 누구든지 '잭' 대신에 '그'라는 대이름씨를 쓰고 싶을 것이다. 하지만 우리 말은 그렇지 않다. "옛날에 나무꾼이 살았어. 하루는 나무를 하러 산에 갔지. 나무를 하다가 사슴을 만났어"처럼 임자말이 자주 빠지니까 구태여 대이름씨를 쓰지 않아도 된다.

옛날에는 <u>등금장사가</u> 있는데, 뭘 짊어지고 댕기면서 인저 물통도 맹글고, 그거 들통도 맹글고 그러는 게 있는데. 그거 짊어지고 댕기는데, 대나무 그 껍데기 짊어지고 대니는데 맨기는데 그래. <u>그런 장사가</u> 지나가니께로 웬 <u>처녀가</u> 커다란 <u>처녀가</u> 새를 보다가 소나기가 난데없이 막 오니께,

그래고 고목나무로 쫓아오더래요. <u>처녀가</u> 그게 참 <u>등금장사하고</u> 서로 마주쳐서 가지고 그래 하룻밤 잤대요. 그래 가지고 <u>처녀가</u> 애기를 인제 낳아 가지고, <u>처녀</u> 혼자 인제 참 그래 옛날에 참 뭐 전에는 양반에 집에 <u>처녀가</u> 새보다 그런 걸 보고 참 나쁜 일이라고 내쫓았단 말야.

<u>지집아를</u> <u>처녀를</u> 내쫓으니까 <u>그게</u> 어디 가서 아를 키웠대요. 그래 키우니까 <u>그게</u> 공부를 얼마나 잘하고 크게 됐단 말야. 크게 되니까 인제 <u>아들이</u> 커 가지고 아버지를 찾아 달라고 하니께 어디 가 찾을 수가 있어. 그래 장사하러 나간 사람 어디 가 찾아요 그래 찾질 못하니까, (줄임)

노영근 외,《영남구전자료집 1》경북 문경군 상주군 편, 114~115쪽

여기서는 대이름씨 대신에 거의 이름씨를 그대로 썼다. 처음에 등금장사

가 나오고 곧 처녀와 아들이 나오는데, 필요한 곳마다 이 셋을 가리키는 말 '등금장사'와 '처녀'와 '아들'을 그대로 댔다. 나오는 인물이 셋이라 임자말로 쓰일 때도 생략하기 어려웠는지, 착실하다 할 만큼 꼬박꼬박 넣었다. 이렇게 이름씨를 그대로 쓰다가 조금 지겨웠는지 '그게(그것이)'라는 가리킴 말도 썼는데, 이건 대이름씨라기보다 각각 '그 처녀가'와 '그 아들이'를 줄여 쓴 말로 봐야 한다.

근디 옛날에 조실부모하고, 어려서 부모 다 어렸을 적에 잃었으니까니 갈 곳이 없으니까니, 남의 집에 가서 이 저 애 보아 주다가, 차츰 크니까니, 거기서 머슴살이하고……, 그 하는 일이 있어야지. 삼십도령이 됐거든요. 그래 옛날에는 돈 있는 사람이라야 장가를 가지. 돈이 없는 사람은 장가를 못 갔댔어요. 그래 그럭저럭 남의 집 살아 가지구 돈을 쪼끔 장가갈 밑천이나 벌었던 모양이거든요. 그 장가를 갔는데, 그 색시는 좀 배완 여자랄 얻었든 모양이거든. 거 삼십도령인데 뭐 하늘 천 자 하나 모르거든. 그래 인제 남자루서 자기 이름자두 모른다구야 말이 되느냐? 이제라두 배와야 된다. <u>이게</u> 서당이 쪼끔 멀은데 서당에를 갔단 말에요. 가니까 선생이 <u>그걸</u> 나이 삼십에나 딘(된) 사람을 하늘 천 따 지부텀 가라칠 수 없구 그렇께, (줄임)

조희웅, 〈한국구비문학대계〉 1-4 경기도 의정부시·남양주군 편, 43쪽

여기서는 아예 주인공을 가리키는 말이 나오지 않는다. 대이름씨는 물론이고 이름씨조차 안 나오는데, 처음부터 한 사람 얘기만 나오니까 구태여 이름을 댈 필요를 못 느꼈나 보다. 주인공 아닌 인물, 이를테면 '색시'와 '선생'에만 이름씨를 붙였고 그것으로 뜻 전달에 아무 문제가 없다. 여기서도

'이게(이것이)'와 '그걸(그것을)'이라는 가리킴말이 한 번씩 나오는데, 주인공인 남자를 가리키는 말인지, 서당이나 글을 가리키는 말인지, 그도 아니면 별 뜻 없이 갖다 붙인 말인지 확실하지 않다. 사람을 가리키는 삼인칭대이름씨가 없다 보니 이런 일도 생긴다.

그래서 그때 인저 그 도깨비하고 내기를 했는데, 그냥 이 도깨비하고 상대하면 사람이 지거든. 지는데, 그때 <u>이 젊은 사람이 그 착한 사람이</u> 자기 어머니들로부터 들은 말이 있었어. "도깨비들하고 상대할 적에는 왼손으로 왼뺨을 치고, 또 왼다리로 다리를 탁 걸어차면 도깨비를 이길 수 있다"는 이른 말을 들은 게 있어서, 그것이 생각이 나서 <u>이 사람이</u> 인자 그 도깨비하고 딱 붙었을 적에, "니덜이 다 덤비면 안 되니깐 니들 대장이 하나 나와라" 이캤어. 그러니까 도깨비들이, "헤헤, 저런 인간쯤이야 뭐, 뭐" 하고 가소롭게 여기고 이제 도깨비 대장이 턱 나왔거든.

그래서 <u>이 사람은</u> 그 자기 어머니한테서 들은 그 말이 생각이 나서, 그 도깨비를 탁 붙자마자 왼뺨을 탁 치고 왼다리로 (말을 고쳐서) 그 도깨비 왼다리를 탁 치니까 도깨비가 힘없게 탁 넘어갔거든. 그래 인자, "약속은 했으니까 니덜이 가진 금은보화를 다 달라" 이캤어. 그러니까 도깨비들이 인자, "좋다" 하고 <u>이 사람</u>을 줬어. 줘서, <u>이 사람은</u> 인제 그걸 가지고 와서 큰 부자가 됐는데, 부자가 돼서도 좋은 일, 참 그 불쌍한 사람 도와주고, 그 동네에서 안 좋은 일 벌어지면 <u>이 사람이</u> 다 그걸 다 해 줬어.

대구시 달성군 송인희, '도깨비 이야기', 서정오 받아씀

여기서는 맨 처음에 '젊은 사람(착한 사람)'이라는 주인공을 내세우고, 그

다음부터는 이름이 필요한 곳마다 '이 사람'이라고 했다. 매김씨에 이름씨를 붙인 꼴이다. 이 말이 대이름씨 구실을 하며, 뜻 전달에 아무 지장이 없다. 다만 도깨비는 가리킬 필요가 있을 때마다 '도깨비'라는 이름씨를 착실히 댔는데, 주인공과 구별하려면 당연히 그래야 했다.

이제 우리 말에 삼인칭대이름씨가 없다는 사실과 그 까닭을 알았다. '그'와 '그녀' 뿐 아니라 '그들'이나 '그네' 같은 말도 우리 말이 아니며, 이런 억지스런 말을 함부로 쓰면 말맛만 나빠진다. 굳이 써야겠다면 '그 사람' '그 이' '그분' 정도를 대이름씨로 쓰면 될 것이다. 없어도 되는 것을 억지로 만들어 쓰는 건 괜한 수고이자 읽는 사람까지 피곤하게 만드는 일이다.

다음 글을 우리 말법에 맞게 고치면 어떻게 될까? 재미 삼아 한번 고쳐 보기 바란다.

모자 둘이 단출한 생활을 하다가, 어느 날 어머니가 산중으로 약초를 캐러 들어가서 돌아오지 않았다. 아들은 이것은 호랑이의 짓이 틀림없으리라고 생각하고 산중으로 들어가 어머니의 뼈라도 찾으려 하였다. 며칠을 돌아다니다 한곳 바위에 이르니 어머니의 팔과 다리, 머리가 얹혀 있었다.

그는 그것을 모아 양지바른 곳에 묻고 호랑이를 찾아 다시 산속을 헤매기 시작했다. 한데 이 아들은 꾀가 없고 그저 외곬으로 쏠리면 그것밖에 모르는 사람이었다. 그가 원수인 범의 얼굴을 기억할 수도 없는 일인데, 무슨 수로 호랑이를 찾는단 말인가?

그는 결국 열흘 동안을 허비하고 집으로 돌아왔다. 그러나 도저히 참기는 어려운 일이어서, 다시 삽과 곡괭이를 가지고 산으로 들어가서 웅덩이를 깊게 파 놓았다. 그리곤 아침 일찍 웅덩이 앞에 앉아서 무릎을 꿇고 어머니 원수를 갚게

하여 달라고 소리내서 빌었다.

이가원, 《조선호랑이 이야기》 70쪽

본딧말보다 준말을 즐겨 쓴다

학교 다닐 때 국어 시험에는 준말에 관한 문제가 많이 나왔다. 예컨대 "똬리는 무엇의 준말입니까?" 하는 식이었는데, '괜히'가 '공연히'의 준말이란 걸 맞히려면 나 같은 둔재는 골머리깨나 썩여야 했다. 그러다 '귀찮다'는 '귀하지 아니하다'가 줄어서 된 말이라고 하는 데 이르면 질려서 고개를 절레절레 내저을 수밖에 없었다.

보통 우리가 입으로 하는 말에는 준말이 많다. 누구든지 입으로 말할 때는 "숙제했니?" "했어요"라고 하지, "숙제하였니?" "하였어요"라고 하지 않는다. 그리고 이때 본딧말을 따지는 일은 그다지 중요하게 여기지도 않는다. 이를테면 "안녕하세요?" 하고 인사를 할 때, 이 말의 본딧말이 "안녕하시어요?"라는 걸 의식하는 사람은 많지 않다.

입말에 준말이 많이 쓰이는 것은 말의 경제성 때문이다. 될 수 있는 대로 줄여서 짧게 말하려는 버릇이 소리마디를 자꾸 줄이는 셈이다. '거기에서'가 '거기서'로, 다시 '게서'로 줄어드는 것이 다 그 보기다. 뜻만 잘 통한다면, 소리마디가 줄면 줄수록 말하기와 듣기가 다 쉬워질 테니 이건 아주 자연스러운 모양새다.

옛이야기를 보면 우리 입말에 준말이 얼마나 널리, 자주 쓰이는지 쉽게 알 수 있다.

뭐 옛날에는 그저 아무 사람두 지나가다가 들어가서 하룻밤 시어 가자구 하
믄 거절하는 법이 없었다거든. 그래 저녁 식사를 마친 댐이 들어왔는데, 새 저녁
을 해야 되갔으니까니, 뭐 시골서 뭐 가분쟁이며 밥을 헬래니 뭐, 반찬두 그렇구
그러닌까니, 그만 하절이니깐 밀가루를 음식을 해 대접할랴구, "밀국수를 하
라"구 했거든. 게 칼국수를 하라구 시키구서 나와서, "그래 밤참을 시키구 나왔
는데 뭐이 되갔나 어데 알아보라"구, 쥔이 그랬댜. 하니깨 선생은 가만히 하구
있구 제자덜보구, "어디 둘이 가 알아봐라" 하니까, 두 넘이서 뭘 손가락 꼽았
다 폈다 하먼서 그럭하드니, "배얌 사 짜가 나온다"구, "밀국수 같다"구, 그랬
단 말야.

조희웅, 〈한국구비문학대계〉 1-4 경기도 의정부시·남양주군 편, 129쪽

그러면은 뭐 어디를, 밤에 어디를 신작로서 뭐가 호랭이가 막 불을 이만큼 키
고 있더랴. 그래서 쪼곰쪼곰 가면서 보니께 호랭이가 아줌마를 잡아먹어서 여기
비녀 있잖아? 이거 이거 비녀, 쪽 짓는디 비녀로 쪽을 지었는디, 그걸 잡아먹어
가지고서 그 비녀가 이렇게 목이 가 걸려 가지고서 입을 이렇게 따악 벌리고서,
그냥 불을 환하게 키고 있더랴. 그 호랭이가. 호랭이가 불을 키고 있어서 그 아줌
마가 손을 넣구서 그걸 무서운 중도 물루구(무서운 줄도 모르고) 그 호랭이를 구해
주느라구 그 손을 넣구선 그 비녀를 빼 줬댜. 빼 줬는디 호랭이가 고마워 가지고
서 그 아줌마를 업어서 업구 가서 그 아줌마네 방문 앞에다 내려 주고 가드랴. 그
래서 할머니하구 그 얘기만 했지. 옛날엔 맨 그런 얘기만 했다구. 그 얘기만 했지
뭐 옛날 얘길 위측혀.

박종익, 《한국구전설화집 13》 충남 편 1, 247쪽

그 토째비한테 홀켔다 그는 거는 옛날에 인제 여, 저 우에 살던 문개어른이라 꼬 하마 오래됐어요. 돌아가신 분인데, 이 어른이 이 밑에 내려가 술을 자시고 올라오다가, 여름에 술을 자시고 올라오다가 그 여 서문안거리라는, 그 큰 도로에서 들어오다 보면 계곡이 있고 좍 있어요. 거게 거 다리 건네는 데 거 보만, 옛날에는 거 다리가 없고 전부 나무다리 놔 가주고 건네 댕깄거든. 건네 댕깄는데, 이 어른이 원래 술을 좋아그래(좋아해). 술을 좋아그는데 올라오시다가. 그 그 집이 그래도 옛날에 잘 살아 가주고, 문개어른이라는 그 어른은, 만날 그래도 하얀 바지저고리 입고 고무신 신고 두루마기 입고 갓 쓰고 이래 댕깄거든. 갓 쓰고 지팽이 짚고 그래 인제 댕깄는데, 그 어른이 그날 저녁에 그 밑에서 올라왔다 그는데, 그 이튿날 아침에 한 열 시 돼서 찾았는데, 나가 가주고 찾았어. 사람이 안 와 가주고. 밤에 못 찾고. 근데 인제 이야기를 하는데, 그 다리를 척 건네 가주고 그 앞쪽에 있는 거기를 올라오다이끼네, 아주 보한 색시가, 아주 잘생깄드라 그래, 아주 뭐뭐 이쁜 색시가 나와 가주고 그래.

보다시피 말을 줄일 수 있는 곳은 거의 다 줄였다. 만약 여기 나오는 준말을 모조리 본딧말로 바꿔서 말한다고 생각해 보아라. 얼마나 답답하겠는가. 이처럼 준말은 말의 속도감을 높여 주고 숨통을 틔워 주는 구실을 한다. 그래서 너도나도 말을 할 때는 준말을 즐겨 쓰고, 그게 준말이란 걸 구태여 따지지도 생각하지도 않는다.

그런데 글을 쓸 때는 사정이 좀 달라진다. 준말보다 본딧말을 더 많이 쓰고, 또 많은 경우 '일부러' 그렇게 쓴다. 뭔가 권위를 차리고 위엄을 갖추고 싶어 하는 글일수록 준말을 두고 굳이 본딧말을 찾아 쓰는데, 많은 사람들이 그렇게 해서 글의 격이 높아진다고 여기는 듯하다.

> 모든 국민은 신체의 자유를 가진다. 누구든지 법률에 의하지 아니하고는 체포 구속 압수 수색 또는 심문을 받지 아니하며, 법률과 적법한 절차에 의하지 아니하고는 처벌 보안처분 또는 강제노역을 받지 아니한다.

우리 나라 헌법 제12조 1항이다. 참 좋은 내용이지만, 읽다 보면 마치 병사가 장군 앞에서 '훈령'을 듣는 듯하다. 굳이 일상에서 잘 쓰지 않는 본딧말을 많이 써서 그렇다. 그래서 권위와 위엄은 넘쳐나게 됐지만 친근함과 정다움은 사라져 버렸다.

견주어 보면 알겠지만, 준말은 대체로 친근감, 일상성, 부드러움을 느끼게 한다. 반대로 본딧말에는 권위, 격식, 딱딱함이 배어 있다. 말을 할 때도 가끔 본딧말을 쓰는데, 주로 격식을 차리고 싶어 할 때 그리되는 것 같다. 이를테면 어머니가 아이 이름을 부를 때, 보통 때는 다정하게 "영수야" 하다가도 꾸지람할 게 생기면 정색을 하고 "야, 김영수!" 하고 본디 이름을 다 부른다. 아이를 남에게 소개할 때도 편한 자리에서라면 그냥 "얜 내 아들 영수야" 할 것을, 딱딱한 자리에서는 "이 아이는 저의 둘째 아이 김영수입니다" 하고 차려서 말하게 되는 것이다. 아이들도 이런 걸 잘 안다. 그래서 만약 어른이 "게서 뭘 하니?" 하지 않고 "거기서 무엇을 하느냐?" 한다면, 뭔가 분위기가 심상치 않음을 금세 알아차리게 된다.

아이들이 놀 때는 준말을 잘 쓰다가도, 공부 시간에 '발표' 할 때는 꼬박꼬박 본딧말을 쓰는 것도 같은 이치다. 그러면 이 문제를 어떻게 할 것인가? 두 말의 차이를 인정하고 그냥 둘 것인가, 아니면 그 거리를 차츰 좁혀

나가야 할 것인가? 입말과 글말이 아주 같아지기를 바랄 순 없어도 얼마만큼 그 차이를 줄이는 노력은 필요하다고 본다. 그리고 될 수 있는 대로 글말이 입말을 따라가는 것이 바람직하다. 그래야 말글세상에서 약자들이 기죽지 않고 주인 노릇을 할 수 있지 않겠나.

다음은 초등학교 5학년 국어 교과서에 나오는 옛이야기다. 전체로 보아 무리 없는 글이지만, 군데군데 준말을 써도 좋을 자리에 구태여 본딧말을 넣는 바람에 말맛이 싱거워졌다.

옛날, 어느 마을에 효성이 지극한 형제가 병든 아버지를 모시고 살았어. 형제는 아버지의 병을 낫게 하려고 온갖 좋은 약을 다 써 보았지만, 몸이 계속 축 늘어지기만 하는 아버지의 병은 낫지 않았대. 그러다 보니 재산도 다 바닥이 나고, 이제는 약을 구하기도 어려운 형편이 되었지. 어느 날, 형은 산 너머 부잣집에 가서 일을 해 주고 아버지의 약값이라도 벌어 와야겠다고 생각했어. 그래서 동생에게 그동안 아버지를 잘 보살펴 드리라고 당부를 하고 길을 떠나게 되었지. 동생은 길 떠나는 형에게 미안한 마음에 느티나무 막대기라도 가지고 가라고 건네주었어.

준말이 더 쉽고 편하다면, 말을 할 때나 글을 쓸 때 지나치게 본딧말만 찾아 쓰는 괜한 수고를 할 필요는 없다. 자칫하면 말이 딱딱하고 부자연스러워질 수 있기 때문이다. 공연히 권위를 세우고 격식을 차린다고 좋은 말과 글이 되는 게 아니라면 우리는 준말에 좀 더 너그러워질 필요가 있다.

다만 한 가지 조심할 게 있으니, 덮어놓고 줄이기만 한다고 좋은 건 아니라는 거다. 말은 무엇보다도 남이 쉽게 알아들을 수 있어야 한다. 다른 건 그다음에 생각할 일이다.

그런 점에서 요새 인터넷을 중심으로 퍼져 나가는 '안습'(안구에 습기 찬다), '완소'(완전 소중하다), '열공'(열심히 공부한다) 같은 준말을 보노라면 좀 걱정스럽다. 부디 한때 유행으로 지나갔으면 하고, 또 틀림없이 그렇게 될 것이다. 말은 어느 것이나 소통을 전제로 살아남기 때문이다. 누구나 쉽게 알아듣지 못하는 말이라면 새롭고 재미있은들 무슨 소용이 있겠는가.

토씨를 꺼린다

"정승 날 때 강아지 난다." 목숨은 귀하고 천함을 가리지 않는다는 뜻을 가진 옛말이다. 짧은 말이지만 들어 보면 말맛이 가지런하고 구성지다. 앞뒤를 딱딱 맞춰 가락을 살린 덕분이지만 토씨를 걸어 낸 것도 한몫했다. 만약 여기에 토씨를 다 넣어 "정승이 날 때 강아지도 난다"고 하면 아무래도 감칠맛이 덜하다.

"소 잃고 외양간 고친다"는 옛말도 매한가지다. 토씨를 쏙 빼 버린 것이 말맛을 훨씬 깔끔하게 만들었다. 여기에 토씨를 다 넣어 "소를 잃고 외양간을 고친다"고 해 보아라. 맛이 크게 떨어지지 않는가.

내친김에 옛말 한 가지 더 들어 보자. 무엇에 놀라 급히 서두는 모습을 빗댈 때 흔히 "범 본 놈 문구멍 틀어막듯 한다"고 한다. 이 말을 들으면 허둥거리는 모습이 떠오르면서 절로 웃음이 나온다. 만약에 토씨를 다 넣어서 "범을 본 놈이 문구멍을 틀어막듯이 한다"고 하면 뭔가 축축 늘어지는 느낌이 들지 않는가.

이처럼 우리 입말에는 토씨가 자주 빠진다. 토씨를 빼도 뜻 전달에 문제가 없다 싶으면 그냥 빼 버리는 것이 보통 사람들 말버릇이다. 어떤 토씨가 어떤 자리에서 잘 빠지는지 옛이야기 속에서 확인해 보자.

일 마누라가 베를 매더라. 베를 매는데, 중이 와 동냥을 달래지. 동냥 줄 것 없다고 안 주지. (줄임) 이년에 머리에다 구렝이 때려죽인 작대기로 콱 찔렀지. 아 그달부터 애가 있더라. 그 늙은이가. 아 낳는데 구렁일 낳댜. 구렁이를 낳는데, 이웃집 샥씨가 삼형제더라. 부잣집인데, 삼형젠데,

"할머니, 할머니, 애기 뭐 낳소?"

"미역국하구 흰밥하구 끓여다 주면 아르켜 주지."

미역국하구 흰밥하구 끓여다 줬지. 먹구서는,

"아랫목에 내려다봐라."

아, 큰 구렁이를 나 놨어.

"아유, 할머니 구렁이 낳네."

그러구 가거든. 또 한 색시가 오더니,

"할머니, 할머니, 뭐 낳소?"

"미역국하구 흰밥하구 끓여다 주면 아르켜 주지."

미역국하구 흰밥하구 끓여다 주고 아랫목에 가니까,

"아이고, 할머니 구렁이 낳네."

그라구 가거든. 또 작은 색시가 와서,

"할머니, 할머니, 뭐 나셨오?"

"미역국하구 흰밥하구 끓여다 주면 아르켜 주지."

미역국하구 흰밥하구 끓여다 줬지. 먹었지.

“아랫목에 내려다봐라.”

“아이고 할머니, 구렁덩덩 신선비님을 나셨네!”

조희웅, 〈한국구비문학대계〉 1-9 경기도 용인군 편, 453~454쪽

여기에는 ‘가, 를, 이, 의, 에’ 다섯 가지 토씨가 나온다. 그리고 있어도 좋을 만한 토씨가 빠진 곳이 몇 군데 있다. “동냥(을) 줄 것(이) 없다고” “구렝이(를) 때려죽인” “애기(는) 뭐(를) 낳소?” “구렁이(를) 낳네” 같은 곳이 그렇다. 눈여겨볼 만한 것은 ‘와(과)’와 ‘을(를)’을 쓸 자리에 모조리 ‘하구’를 썼다는 점이다. 이렇듯 입말에는 이음토씨 ‘와(과)’가 잘 쓰이지 않는다. ‘아빠하고 나하고 만든 꽃밭’이 ‘아빠와 내가 만든 꽃밭’보다 더 자연스럽다. 또 하나, 위로 두 딸 말에는 “구렁이 낳네” 하고 토씨를 빼다가 막내딸 말에만 “구렁덩덩 신선비님을 나셨네!” 하고 토씨를 넣었다는 점도 눈길을 끈다. 뭔가 다르다는 걸 드러내고 싶었나 보다.

그 얘기 허여, 지금 내가. 옛날이 김 정승이란 분이 있는디, 아들 삼형제를 두었어. 아들 큰아들 장가나 들여 놓으면 아들이 죽어뻔져. 둘째 아들 장가들인 둘째 아들도 죽어뻔져. 그래 과부가 둘 아니여? 변인가 보다. 아들 삼형제인디 끝이 아들 하나만 남았어. 아 이것이 우연히 병들어 갖고서나 죽었어.

아 한 노승이, 이게 늙은 중여. 중이 거기를 당허닌께 그 집이 초상이 나서나 퍽 분한 짐이 지나가거든. 분한 짐으로 지나닌께 낙담하게 “우리가 아들 삼형제 두었다가서나 싯 다 죽이고, 우리 우리 집은 인저 문 닫는다”는 이런 마음 먹고서 인저 낙담을 지을 게 아니여? 주인이, 김 정승이.

김균태 외, 《부여의 구비설화》 112쪽

여기서는 토씨가 더 많이 빠졌다. 특히 부림자리토씨 '을(를)'은 거의 쓰지 않았다. "큰아들(을) 장가들여 놓으면" "둘째 아들(을) 장가들이니" "우리가 아들(을) 삼형제 두었다가서나 싯(을) 다 죽이고 우리 집은 인저 문(을) 닫는다" "이런 마음(을) 먹고서" 같은 곳이 다 그렇다. 우리가 보통 말을 할 때도 '을(를)'은 자주 빠지는 편이다. "종이(를) 가져와. 그림(을) 그리자" 같은 말을 보면 분명히 그렇다. "아들 삼형제를 뒀어" "인저 낙담을 지을 게 아니여?" 할 때는 착실하게 토씨 '을(를)'을 넣었는데, 뭔가 힘주어 말하려는 뜻이 들어 있는 듯하다.

저 북두하고 강원두 남두하고 해서 거리가 백 리라. 그 사이가 백 린디, 이 집이서, 경향서 그리 장개를 가게 됐어. 어린것들이. 그래 장개를 가서, 시집온 뒤에, 서방 죽어 부러, 시엄시 죽어 부러, 아무도 없어. 있단 거 씨애비하고 젊은 과수 한나뺶이 없어. 인자 남은 것이 씨애비하고 젊은 과수하고 둘이 남았으니, 참 며느리 보기도 미안할 거 아니야, 아무리 씨아비가. 애기가 안 것이라고(시집온 것이라고) 밥은 끓여 주고 옷은 빨아 주지마는, 시방 이래 나이론이나 있인기 그러지마는 그전에 무명옷. 그래 가주고는 하루는 뜬 것 없이(생각 없이) 가마이 본께, 며느리가 목욕을 해. 그런(그전에는) 눈이 안 띄었는디, 후원에서 목욕을 하더마는 소이소복을 해. 하더만 밥상을 들고 들어왔다 말이여.

김승찬, 《한국구비문학대계》 6-3 전남 고흥군 편, 315쪽

토씨가 들어가고 빠질 때 무슨 규칙 따위는 없음을 보여 주는 대목이다. '장개(장가)' 다음에는 '를'이 들어갔는데, '시집' 다음에는 빠졌다. 특별한 까닭이 있다기보다 말맛이 자연스러운 데로 따라가다 보니 그리된 듯하다.

'서방 죽어 부러, 시엄시 죽어 부러' 할 때는 토씨를 안 넣어서 더 매끄럽게 됐지만, '아무리 씨아비가. 애기가 안 것이라고' 할 때는 토씨가 들어가서 말맛이 더 살아났다. '시방 이래 나이론이나 있인기'에는 토씨가 빠지고 '목욕을 하더마는 소이소복을 해'에는 토씨가 들어간 것도 마찬가지다.

한 북녘 학자가 조사한 것을 보면, 우리 말에서 토씨는 입말보다 글말에 더 많이 쓰인다. 글말에는 모든 토씨가 골고루 쓰이지만 입말에는 몇 가지 토씨만 쓰인다. 주로 임자자리토씨(이, 가, 은, 는)와 부림자리토씨(을, 를)와 어찌자리토씨(에, 에서, 에게)가 입말에 자주 나오고, 이 밖에는 거의 쓰이지 않는다. 특히 매김자리토씨 '의'는 글말에만 쓰일 뿐, 입말에는 거의 나타나지 않는다.(최명식, 앞 책, 40~53쪽)

토씨 '의'가 입말에 잘 쓰이지 않는 것은 소리내기 힘들고 어정쩡하기 때문이다. '의'는 토씨로 쓰일 때 흔히 '에'로 소리나는데, 그 때문에 어찌자리토씨 '에'와 더러 헷갈리기도 한다. 그래서 '가짐' '들어감'의 뜻을 나타낼 때는 아예 토씨를 쓰지 않는 것이 더 자연스럽다. 말을 할 때 '우리의 집, 나의 책, 동생의 것'이라고 하는 대신 '우리 집, 내 책, 동생 것'이라고 하는 것처럼 말이다. 글을 쓸 때는 '의'가 꼬박꼬박 들어갈 만한 자리에도 말로 할 때는 빠진다. 이를테면 신문에서는 '오늘의 날씨'라고 써도 방송에서는 그냥 '오늘 날씨'라고 말한다. 다른 나라 말을 옮길 때는 '콰이강의 다리'라고 하지만 우리 말로 할 때는 '한강 다리'라고 하는 것도 비슷한 이치다.

토씨가 글말에 많이 쓰이는 것도, 대체로 글말에 격식을 차리려는 성질이 있기 때문이다. 또한 글말은 입말보다 말마디가 길고 복잡하기 쉬운데, 그러면서도 뜻을 정확하게 전달하려면 토씨를 주의 깊게 가려 쓰지 않을 수 없다. 하지만 입말은 글말보다 더 자유롭고 경제성을 좇기 때문에 필요

없는 토씨를 자꾸 걸어 낸다. 그래서 말마디가 줄어들고 깔끔해진다.

글을 쓸 때도 필요 없는 토씨를 빼고 쓰면 더 깔끔하고 읽기 편하다. 특히 매김자리토씨 '의'는 될 수 있는 대로 안 쓰는 것이 우리 말을 살리는 지름 길이다. 그렇다고 해서 덮어놓고 토씨를 쓰지 말라는 뜻은 아니다. 힘주어 말하고자 할 때나 뜻이 헷갈릴 염려가 있을 때는 글뿐 아니라 말에도 토씨를 꼬박꼬박 넣어 주는 것이 좋겠지.

가락을 넣는다

옛날 우리네 조상들 입말에는 가락이 실려 있어 이따금 노래처럼 들렸다. 혼잣말을 할 때도 그랬다. 이를테면 장에 가신 아버지가 날이 저물어도 안 돌아올 때, 어머니는 마당가를 서성이며 중얼거렸다. "하마 날은 저무는데 너 아배는 아직 안 오네. 인 장꾼 진 장꾼 다 왔는데 우리 장꾼은 왜 안 오노? 주막집에 들었나, 토째비(도깨비)한테 홀렸나?" 딱히 정해진 가락이 있는 건 아니지만, 흥얼흥얼하는 소리는 무척이나 구성져서 마치 노래 같았다.

때로 어린아이가 고뿔이라도 들면, 어머니는 아이를 들쳐 업고 의원이나 약방을 찾아간다. 이때 찬바람을 막으려고 아이를 포대기로 폭 뒤집어씌우 는데, 안에 갇힌 아이는 바깥 구경을 못해 답답하다. 아무리 몸이 아파 끙 끙 앓는 신세라도 궁금한 걸 참기는 힘든 법이니까. 업은 어머니와 업힌 아 이는 마치 익숙한 소리를 매기고 받듯이 구성지게 말을 주고받았다. "어디 까지 왔노?" "이발소까지 왔지." "어디까지 왔노?" "연자매까지 왔지."

말에 가락을 실으면 말맛이 더 뚜렷이 살아난다. 가볍고 생기 있는 말을 할 때는 빠르고 통통 튀는 가락을 싣고, 구슬픈 사연을 담은 말에는 한숨 쉬듯 느릿느릿한 가락을 실으면 제격이다. 반드시 노래가 되지 않아도 좋다. 조금만 높낮이와 장단에 변화를 주면 말에 가락이 실리고 말맛 또한 달라진다. 노래처럼 구성진 말은 토박이말, 입말, 격식을 차리지 않는 말에 어울린다. 그래서 특히 아이들이 좋아한다.

거듭하는 얘기지만 옛이야기는 입말의 곳간이다. 그러니 옛이야기에서 구성진 가락을 찾는 건 그리 어렵지 않다. 옛날 우리네 할머니 할아버지들이 손녀 손자들을 무릎에 앉히고 옛이야기를 들려줄 때 마치 노래하듯 흥얼거리며 장단을 맞추는 건 별난 일이 아니었다.

그러니까 아들딸을 두고 인제 베를 짜러 갔거든. 베를 매 주러 갔거던. 옛날에 베 무녕(무명) 짜구 베 짜는 그걸 매 주러 갔거든. 그러니깐 하루 품씩 하루 품삯 받아 가지구서 인제 먹구사는데, 한날은 그 쌈(사람)네가 메물(메밀)범벅을 쒀서 한 암박을 주드랴. 하나 주드랴. 가주 가서 아이들 주라구. 그래 이놈의 메물범벅을 인제 이구선 오는데, 아 오다가 호랑이를 만났지.

"할멈, 할멈. 그 메물범벅 한 덩어리 주. 주만 안 잡아먹지."

그러니깐 한 덩어릴 내던져 주지. 또 한 고개를 넘어오면,

"할멈, 할멈. 나 메물범벅 한 덩어리 주. 그리만 안 잡어먹지."

그래 이놈의 걸 다 뺏겼거던. 뺏기구, 그랴 야중엔,

"할멈, 할멈. 그 함박 나 주만 안 잡아먹지."

그러디. 그래 함박까지 줬지. 이놈의 호랭이가 그 인제 그리구 이 할멈 오는 길에 그 메물범벅을 죄다 함박에다 줘 담아 놓구서는 또 쫓아왔단 말이야.

"할멈, 할멈. 그 옷 벗어 주만 안 잡아먹지."

성기열, 〈한국구비문학대계〉 1-7 경기도 강화군 편, 272쪽

눈으로 읽기만 해도 노래하듯 구성지게 이어지는 이야기 소리가 귀에 들리는 듯하다. "할멈, 할멈. 메물범벅 한 덩어리 주. 주면 안 잡아먹지." 이 대목은 마치 노래 속 받는 마디(후렴) 같아서 여러 번 되풀이 들어도 지루하지 않다. 총각 농사꾼과 우렁이 색시가 "이 농사 지어 누구랑 먹고 사나?" "나랑 먹고 살지" 하는 대목이나 개와 고양이가 "물었니?" "물었다" 하는 대목도 마찬가지다. 나이가 어린 아이들일수록 이런 대목을 재미있어하는데, 바로 재미난 억양과 가락 때문이다.

그래 가주고 자고 갔넌데, 아침에 나가면서 쌀애긴가 머인가 다래 띄밀고 가면서 이집으 후원 별당 큰애기는 한 달 두 달 지내나면 뒷산은 낮아 오고 앞산은 높아 오고 국에는 국내 나고 밥에는 밥내 나고 떡에는 빗내 나고 그렇게 아라고, 그런데 저 아버지가 어듸 갔다 몇 달 있다 오니 이넘의 삼태가 들어 놨니 나올 수가 있나 말이야. 그래 "후원 별당 큰애기는 세준애기는 워찌 안 나오느냐, 마중 안 나오너냐아" 이러니 "후원 별당 큰애기는 속에 짚은 병이 들어 가주고 뒷산은 낮아 오고 앞산은 높아서 국에는 장내 나고 밥에는 밥내 나고 떡에는 빗내가 나서 밥을 못 먹어 드러누워 있십니다." "어, 그러느냐."

임석재, 《한국구전설화 4》 강원도 편, 198쪽

이 세준애기 이야기는 '당금애기' 또는 '노가단풍자지명왕애기'와 같이 부모 허락 없이 아기 밴 처녀 이야기다. 그런 만큼 구구절절 맺힌 한도 많고 풀지 못한 사연도 많다. 그래서 그런지 슬픈 노래를 하듯이 구성지게 흐르는 대목이 많다. "뒷산은 낮아 오고 앞산은 높아 오고 국에는 국내(장내) 나고 밥에는 밥내 나고……" 하는 대목에서는 아무리 고지식한 이야기꾼이라도 구성진 가락을 실어 내지 않을 도리가 없으며, 이렇게 전달된 이야기는 깊은 인상을 심어 주게 마련이다.

이처럼 이야기 줄거리에 맞추어 말에 가락을 넣기도 하지만, 때때로 이야기꾼들은 별 뜻 없는 말 몇 마디를 노래처럼 만들어 즐기기도 했다. 수많은 쥐들이 강을 건너가느라고 '퐁당, 퐁당, 퐁당……' 한다는 이야기처럼 끝없이 되풀이하는 말놀이도 있고, "옛날 옛적 갓날 갓적 밤나무에 밥 열리고 옻나무에 옷 열릴 적……"처럼 뜻으로 푼 말놀이도 있다. 또 "이야기는 이야기, 뙤기는 뙤기, 마른 논엔 깜부기, 진 논엔 거머리, 나막신은 딸깍, 짚신은 쩍쩍, 대문은 삐꺽, 거적문은 털썩……" 하는 식으로 소리 장단을 맞추는 말놀이도 있다.

김 서방 나무 가세, 배 아파 못 가겠네. 무슨 배 자라배, 무슨 자라 읍자라, 무슨 읍 천지읍, 무슨 천지 삼천지, 무슨 삼 고분삼, 무슨 고분 당고분, 무슨 당 서낭당, 무슨 서낭 개서낭, 무슨 개 버들개, 무슨 버들 칙버들, 무슨 칙 방아칙, 무슨 방아 물방아, 무슨 물 한강물, 무슨 한강 떼한강, 무슨 떼 구리떼, 무슨 구리 말꾸리.

임석재, 《한국구전설화 5》 경기도 편, 108쪽

이것은 흔히 '꼬리 따기'라고 하는 재미있는 말놀이인데, 끊임없이 앞말을 물고 늘어지며 이어 가는 게 특징이다. 보통 둘이서 서로 묻고 대답하는 꼴로 말을 주고받다가 누구든지 말문이 막히면 지게 된다. 이런 놀이는 여럿이 둘러앉아 할 수도 있다. 이런 것이 시대가 바뀌면서 "원숭이 궁둥이는 빨개. 빨간 것은 사과, 사과는 맛있어……" 같은 다른 꼴을 낳았다고 본다.

옛날에는 말놀이가 가끔 큰일에도 쓰였나 보다. 내가 어렸을 때는 아이들끼리 두 다리를 섞바꾸어 뻗고 앉아 두드리며 "이거리 저거리 갓거리, 청두맹건 두맹건, 도르매 줌치 장도칼" 하고 놀았는데, 이것이 진주민란 때 백성들끼리 쓰던 군호였음을 요새 와서야 알게 됐다. 글 읽는 양반이나 벼슬아치들은 이런 말놀이를 몰랐을 테니, 백성들끼리 서로 같은 편임을 나타내는 군호로서는 아주 그럴듯한 소재였던 셈이다.

말이 곧 노래가 되고 노래가 곧 말이 되는 세상은 아름답다. 옛 백성들은 노래를 닮은 말의 구성진 가락에 세상 사는 고단함과 시름을 실어 보냈다. 그러는 가운데 사람들 사이는 더 가까워지고 정은 더 두터워졌을 것이다. 우리도 고단한 삶 한 자락 잠깐 뒤로 밀쳐 두고, 아이들과 더불어 구성진 말놀이 재미에 흠뻑 빠져 보는 건 어떨까.

때매김이 자유롭다

인터넷 새소식을 읽다 보니 이런 구절이 눈에 띈다.

건설협회 관계자는 "평창 동계올림픽 유치를 위해 건설업계, 건설공제조합이랑 같이 지원금 1억 원 전달했었을 정도로 유치를 희망했었는데……"라며 말을 잇지 못했다.

'-했었'이라고 때매김 도움줄기를 겹으로 썼다. 한 문장에 두 군데나 보인다. '대과거'니 '과거완료'니 하는 이런 말꼴이 우리 말답지 않다는 것은 이미 널리 알고 있다. 영어는 때매김이 아주 정교하게 나뉘어 있어서, 과거

(지난적), 현재(이적), 미래(올적)에다가 완료형이니 진행형이니 하는 것이 붙어서 문법 배우는 사람들을 매우 골탕 먹인다. 그런데 잘 알다시피 우리 말은 그런 시시콜콜한 때매김에 얽매이지 않는다. 학자들은 여러 가지 세세한 틀과 이론을 내놓을지 몰라도 여느 사람들은 대범하고 자유롭게 말한다.

“난 방학만 되면 바다에 가.”

“그래? 올해도 갔니?”

“갔지.”

“지난해도?”

“지난해도 갔지.”

“지지난해도?”

“그럼, 갔지.”

이렇게 말한대서 못 알아듣거나 어색하게 느끼는 사람은 없다. ‘-했었’이나 ‘-었었’ 같은 말꼴은 서양 말 문법을 흉내 낸 것이 틀림없다. 서양 말법이 일본 말을 거치지 않고 직접 우리 말에 스며들어 온 한 가지 보기라 할 수 있다.(이오덕, 《우리 글 바로 쓰기 1》 제2판, 203쪽) 이렇게 서양 말 문법을 흉내 내다 보면 “하고 있었었던 것이다” “그렇게 했었어야 했지 않나”처럼 괴상한 말도 나오게 된다.

우리 말 때매김이 서양 말보다 소박하다고 기죽을 필요는 없다. 말법이 ‘덜 발달해서’ 그런 것이 아니라 말의 성질이 ‘달라서’ 생긴 차이기 때문이다. 이따가 보기를 살펴보면 알겠지만, 우리 말에서는 도무지 때를 복잡하게 매겨 쓸 까닭이 없다. 그런 만큼 ‘-했었’과 ‘-었었’ 홍수를 두고 “우리

나라 사람들의 때매김 의식이 썩 분명해졌음을 보여 주는 사례"라고 한 것
(한겨레신문, '말글찾집', 2006년 3월 17일)은 지나치다. 우리 말이 서양 말을
닮아 가는 것은 '진화'가 아니다. 오히려 '정체성 잃음'으로 봐야 하지 않
을까.

이제 우리 옛이야기에서 때매김이 어떻게 쓰이는지 알아볼 차례다. 이야
기꾼이 때매김 같은 '문법'에 주의해서 말할 형편이 아니라는 것은 분명하
다. 그냥 입에서 나오는 대로 술술 편하게 말한 것인데, 바로 이것이 참된
우리 말법 아니겠나.

한 사람이 아들을 못 뒀어. 아들을 못 둬 가지곤 양자를 했단 말이야. 재산은
유리한데, 그래 이제 양자를 해서 메누리를 얻어서 세 식구 사는데, 아 이 아들이
장에를 가더니 반찬을 사 가지고 온단 말이야. 그래 이 '아침에 해 주겠지!' 안 해
준단 말이야. '괴상하다. 저녁에는 좀 해 주겠지!' 저녁에도 또 안 해 줘. 나이는
칠십인데 배깥 노인네가, 그런데 이 양반이 섭섭하니께, 다 들어간 세 부엌에 가
서 뒤져 보니깐, 싹 해 먹구 치웠더랴. 즈들끼리. '에이, 이거 괘씸해서 안 되겠구
나!' 그래 그 동네 가난한 사람이 딸이 과년한 딸이 있는데, 그 한 사람을 불러 가
지구, "그 자네 중매를 들게. 그 딸을 나한테루 시집을 보내며는 논 섬지기 뒤 섬
지기 내가 베어 줄 것이고, 그 간구하게 사니께 자네 중매 들면 내 자네 섭섭히
안 해 줄 걸세." 아, 그러고 얘기를 하니깐 이 사람이 갔단 말이야.

조희웅, 〈한국구비문학대계〉 1-9 경기도 용인군 편, 479쪽

가만히 살펴보면 여기에는 성격이 다른 두 가지 말이 있다. 하나는 일 차
례를 푸는 말이고 하나는 형편을 설명하는 말이다. '어떤 일이 있었다'고

풀어 말할 때는 지난적꼴(과거형)을 썼고, '그런 형편이었다'고 설명할 때는 이적꼴(현재형)을 썼다. 자연스러운 말투다. 여느 사람이 말할 때도 대체로 이런 투를 따를 것이다.

예전 거서, 어머니하구 그 참 아들하구 모자가 살어. 사는디, 그 가난하기가 이를 데가 없더래요. 그래서 어머니는 영전 방앗간이서 싸래기 방아 종일 가 쩌 주면 싸래기 서너 되 주는 거, 그래 인저 어머니는 방아를 찌러 영전 방앗간이를 가면은, 싸래기 서너 되씩 얻어다가 인전, 연명하네, 그 아들하구.

그 아들은 그 다른 동네, 사랑 이간 사랑으루 짚 한 내끼 추려 가꾸 가서 산내끼(새끼) 꽈서 또 팔아 먹거든. 산내끼 그래서 모녀가 그렇게. 그래서 인제 가난하기가 이를 데 없어서 그렇게 지나가는디. 하룻저녁이는 그 다른 동네루 이간 사랑으루 짚 한 토막을 이렇게 추려서 산내끼 꼬러 가니께, 관상쟁이가 있더랴. 관상쟁이가, 응, 아 관상을 이렇게 보구서 그렇게 간난하게 살 사우가 아닌디, 더 청 사진하고 살 사운디 위째서 이렇게 가난하냐구.

인권환, 〈한국구비문학대계〉 4-1 충남 당진군 편, 348~349쪽

이 이야기꾼은 나이가 많이 드신 할머니인데, 그래서 그런지 말하는 품이 그다지 능숙하다고는 할 수 없다. 쓸데없이 같은 말을 되풀이하는가 하면 '모자'를 '모녀'로 틀리게 말하기도 했다. 하지만 이적꼴을 알맞게 써서 방금 있었던 일인 듯 말하기 때문에 이야기에 생기가 돈다. 이를 두고 문법 따지기 좋아하는 사람들은 '시제를 잘못 썼다'고 나무랄지 모르지만, 내가 보기에는 훌륭한 말법이다.

호랭이도 사람 은혜를 알아요. 그래 여기 사창리 가는 데 증애골이라고 있는 데 거기에 그전에 이화삼 씨라고 있었어요. 그 할아버지가 꼭 저녁이면 낙수를 하고 그랬대요. 하루는 호랑이가 자꾸 나왔아. 가만 보니 암만 해도 이상하거든. 그래 이렇게 사는 사람은 호랑이를 보면 무섭지만 산골에서 호랑이 발자구를 보고 사는 사람은 호랑이가 무섭지 않아요. 호랑이한테 물려 갈 사람이 무섭지.

노인네가 낭중에 안 되겠으니까 확 하고 아가리를 벌려.

"니가 나를 잡아먹으려고 하니?"

자꾸 입만 크게 벌리고는 잡아먹지도 않더래. 그렇게 하고 있으니 이 양반이,

"산으로 돌지 않고 인간 세상에 나와서 그러느냐?"

그래도 호랑이가 아무 소리 안 하고 입만 벌리고 있더래요.

최웅 외, 《강원설화총람 1》 춘천시·철원군·화천군 편, 725쪽

우리 말에서 때매김이 어떻게 바뀌는지 보여 주는 좋은 본보기다. 처음에 어떤 형편(호랑이의 성격)을 설명할 때는 "알아요" 하고 이적꼴을 썼다. 그러나 제대로 이야기를 시작해서 일 차례를 풀어 말할 때는 "있었어요" "그랬대요" 하고 지난적꼴을 썼다. 그러다가 사건이 고비에 올라 호흡이 가빠지니까 "나왔아" "벌려" 하고 다시 이적꼴을 썼다. 그러다가 다시 일 차례로 돌아가 "않더래" "있더래요" 하고 지난적꼴을 썼다. 그러는 가운데에도 형편을 설명할 때는 "무섭지 않아요" "무섭지" 하고 착실히 이적꼴로 말했다. 이 할머니는 따로 책을 보고 문법을 배운 적이 없겠지만, 이렇듯 우리 말 때매김을 훌륭하게 맞춰 쓴 것이다.

이제까지 옛이야기 말에 나타난 우리 입말의 성질을 살펴보았다. 본디 깨끗하고 감칠맛 나던 우리 입말이 들온말과 글말 영향을 받아 날로 그 생

기와 맛을 잃어 가는 게 오늘날 현실이다. 옛이야기를 사랑하여 아이들에게 즐겨 들려주거나 다시쓰는 사람들만이라도 이런 성질을 잘 알고 쓴다면, 옛이야기와 함께 우리 입말의 재미도 되살릴 수 있을 것이다.

3장

옛이야기 자리 넓히기

얼마 전까지만 해도 옛이야기를 '허황하고 말도 안 되는 이야기' 또는 '엉성하고 문학성이 떨어지는 이야기' 쯤으로 보는 눈길이 있었다. 이제 그런 편견은 차차 사라져 가는 것 같지만, 아직도 많은 사람들은 옛이야기라고 하면 "옛날 옛적에"로 시작해서 "잘 살았더란다"로 끝나는 민담만을 떠올린다.

여태 신화, 전설, 민담 가운데 민담을 가장 활발하게 이야기하고 다시써 온 것은 사실이다. 여기에는 그만한 까닭이 있다. 민담이 가짓수도 많고 모양도 아기자기하며 전승력도 강하여, 말 그대로 옛이야기의 꽃이라 할 만하기 때문이다. 하지만 그렇다고 해서 민담만이 옛이야기의 전부인가? 신화와 전설은 옛이야기로서 값어치가 떨어지는가? 이 물음에 "그렇다"고 답하는 순간 옛이야기가 차지한 자리는 엄청나게 좁아진다. 그것은 이야기 문학을 살리는 일에도, 아이들에게 옛이야기를 들려주는 일에도 도움이 되지 않는다.

이 장에서는 우리 신화를 되살리는 문제를 다룬다. 말로 전한 우리 신화에는 어떤 것이 있으며 다른 나라 신화와 견주어 어떤 특징이 있는가? 그중 특별히 눈여겨볼 만한 성질은 무엇이며 어떤 점에서 중요한가? 또 신화를 어떻게 되살리는 것이 좋을까? 이런 물음에 거칠게나마 답해 보려고 한다.

우리 신화 새롭게 보기

우리 신화를 찾아서

요새 들어 그리스 로마 신화가 매력 있는 읽을거리로서 아이들에게 큰 인기를 끌고 있다. 이런 분위기를 타고 얼마 전부터는 북유럽 신화와 북아메리카 신화도 많이 들어와 퍼지고 있다. 요컨대 요새 아이들 마음을 끌고 있는 이야기의 중심에 그리스 로마 신화를 비롯한 서양 신화가 있다. 그것들이 신화의 대이름씨(대명사)이자 두루이름씨(보통명사)가 되어 버린 것이다. 실제로 요새 아이들은 서양 신화 줄거리를 훤히 꿸 뿐 아니라 그 속에 나오는 신들 족보를 줄줄 외기까지 한다.

이것이 한때 유행이냐 아니냐, 바람직한 현상이냐 아니냐에 대해서는, 보는 눈길에 따라 여러 가지 진단이 나올 수 있겠다. 아이들이 서양 신화에 열광하는 건 이야기 자체가 좋아서라기보다 문화 환경에 얽힌 쏠림 현상 때문이므로 언젠가는 관심이 다른 데로 옮아갈 거라고 보는 이들이 있는가 하면, 어쨌든 서양 신화는 이야기로서 튼튼한 매력을 갖추고 있으므로 쉽게 외면받지는 않을 거라고 보는 이들도 있다. 또 아이들이 즐길 이야깃거리가 늘어나서 바람직하다고 보는 눈길도 있고, 아이들이 얕은 재미에만 빠지지 않을까, 우리 정체성을 잃어버리지나 않을까 걱정하는 눈길도 있다.

무엇이 옳다 그르다 잘라 말할 수는 없다. 하지만 어떻게 생각하든 누구나 다음 물음을 비껴갈 수는 없을 듯하다.

"그렇다면 우리 신화는 어디에 있는가?"

이 물음에 내놓을 만한 대답도 두 가지가 있을 것 같다. 하나는 우리 신화에 별로 내세울 만한 것이 없다는 답일 테고, 또 하나는 우리도 서양 신화 못지않은 이야기 유산을 가지고 있다는 답일 테다. 만약에 앞엣것을 따른다면 우리는 별로 할 말이 없다. 우리 것이 시원찮다면 남의 것에 관심 갖는 게 당연하지 않은가. "그래도 우리 것이니까 좋아해야 한다"는 말은 아무래도 설득력이 없을 것 같다.

그런데 뒤엣것으로 답할 수 있다면? 그렇다면 사정은 달라진다. 우리에게도 많은 신화가 있다고? 그런데도 아이들이 서양 신화에만 열광한다고? 이건 뭔가 잘못된 게 아닌가. 이 대목에서 많은 사람들은 고개를 갸웃거릴 것이다. 도대체 우리 신화에 어떤 게 있다는 거지? 단군 신화, 고주몽 신화, 박혁거세 신화, 비류온조 신화, 김수로왕 신화……. 열 손가락을 다 꼽지 못하고 머뭇거릴 것이다.

결론부터 말하자면 우리에게도 남부럽지 않게 넉넉한 신화 자산이 있다. 특히 잘 알려지지 않은 말신화(구전신화)들이 아주 많다. 그런데도 왜 많은 사람들은 우리 신화를 꼽으라면 단군 신화를 비롯한 몇몇 건국 신화에서 더 나아가지 못하는가? 왜 건국 영웅 이야기만이 우리 신화의 전부인 양 생각하는가? 왜 건국 시조 이야기가 우리 신화의 대이름씨이자 두루이름씨처럼 알려져 있는가?

이 의문은 전승 과정에서 건국 신화만이 양지에 나와 신화로 대접받았다는 걸 알면 쉽게 풀린다. 건국 영웅 이야기는 일찍이 글로 적혀《삼국유사》와《삼국사기》를 비롯해 여러 책에 실렸고, 당연하게도 많은 사람들에게 널리 알려졌다. 그 가운데서도 나라 다스리는 사람들은 이런 이야기를 애써 민간에 퍼뜨렸는데, 건국 시조를 신격화하는 이야기야말로 자기네 권력에 정통성의 옷을 입히는 데 이로웠기 때문이다.

이런 현상은 요새까지 그대로 이어져 왔다. 몇 안 되는 건국 신화는 소중한 문화유산으로 크게 떠받들었고, 초, 중, 고 교과서에까지 실어 일반에 널리 퍼뜨렸다. 그와 함께 이들 신화를 소재로 한 문화 활동도 분주히 일어났다. 대중 매체들은 앞다투어 여러 기사와 프로그램을 쏟아 내었고, 학자들은 수많은 논문을 썼으며, 작가를 비롯한 문화인들은 갖가지 작품을 내놓았다. 건국 신화는 말 그대로 '국민 신화'가 되었다.

이렇게 나라 세운 영웅 이야기가 신화의 안방을 차지하고 후히 대접받는 동안, 음지에 숨어 빛을 보지 못한 우리 신화들이 있다. 수많은 무속 신화가 바로 그것이다. 이들 신화는 다만 이름 없는 백성들 사이에서 전해 왔다는 까닭으로, 또 모양 없는 말로 전해 왔다는 까닭으로 푸대접을 받으며 시골 마을 굿판이나 부엌 한 귀퉁이에서 간신히 그 목숨을 이어 왔다. 요즘에 와서 뜻있는 민속학자들과 구비문학자들이 현장을 찾아다니며 하나하나 갈무리해 두지 않았던들, 그 소중한 이야기들은 자취 없이 사라져 버렸을지도 모른다.

어찌 됐든 신화에는 그 이야기를 만든 공동체의 정서가 스며들어 있게 마련이다. 요새 우리 아이들이 서양 신화만을 읽고 듣는다는 것은 곧 서양 사람들이 가진 보편 정서만을 받아들인다는 말과 같다. 지금 새삼스럽게 우리 신화에 눈길이 가는 까닭이 여기에 있다.

신화, 옛이야기의 원형

신화는 옛이야기의 원형이다. 사람들이 자연을 두려워하고 신성하게 여기면서부터 신화라는 이야기 양식이 생겨났다. 사람 힘으로 어쩔 수 없는 것을 이루려면 사람을 뛰어넘는 큰 힘이 필요했고, 그것이 민간 신앙에 바탕이 되었다.

사람들은 신에게 무언가를 비는 데 필요한 모든 것에 신격을 불어넣기 시작했다. 다시 말해 모든 사물 언저리에 신을 창조한 것이다. 하늘과 땅과 산과 바다에서 소소한 집 안 물건에 이르기까지, 사람 눈길과 손길이 닿는 곳이면 어디든지 신이 깃들어 있다고 믿었다. 이 신들은 사람 뜻에 따라 창조되었지만, 크고 작은 권능으로 사람들 마음을 사로잡으며 삶에 영향을 끼쳐 왔다. 오랜 세월 동안 사람들은 신의 권능에 기대어 소원을 빌고 하소연하고, 때로는 두려워하고 삼가면서 살아 왔다. 그러는 동안 신에 대해 갖가지 아기자기한 이야기를 만들어 냈다. 이것이 신화다.

신화는 옛이야기 가운데 전승력이 가장 약한 것으로 꼽힌다. 이야기가 신성하다고 여겨진 까닭에 전승 과정에서 변형이 거의 일어나지 않아서 그렇다. 다시 말해 한번 만들어진 이야기는 함부로 고칠 수 없게 권위 있는 모양새를 갖게 되었고, 따라서 이야기꾼의 창조 의지가 끼어들 자리가 아주 좁아졌다. 이야기라고 하는 것은 돌고 돌면서 여러 각편이 생길수록 잘 퍼지게 마련인데, 각편이 나오기 어려우니 전승력은 약해질 수밖에 없었다.

그러나 이것을 뒤집어 보면 그만큼 이야기 원형이 잘 보존되어 있다고도 할 수 있다. 변형을 꺼렸던 까닭에, 어쩌다 각편이 생겼다가도 원형과 다른 점이 발견되면 이내 사라졌기 때문이다. 신화를 옛이야기의 원형이라 하는 까닭도 여기에 있다.

신화는 이야기지만 신앙 속에서 나온 것이다. 처음 생길 때는 서사성과 함께 종교성 또는 제의성을 갖게 마련이다. 전승 과정에서 종교성이나 제의성이 강조되면 신앙 의식 가운데 하나가 되어 전파력이 약해지고, 경우에 따라서는 종교와 함께 사라지기도 한다. 그러나 서사성의 옷을 두껍게 입으면 입을수록 민간 이야기에 끼어 들어가 세상에 널리 퍼지고, 종교와는 관계없이 살아남는다. 서양에서는 그리스 로마 신화가 강한 서사성을 지니고 이야기로 살아남은 본보기다. 우리가 관심을 가져야 할 대목이 바로 이것이다. 전해 오는 신화를 어떻게 매력 있는 이야깃거리로 만들어 아이들에게 줄 것인가? 이 물음에 대한 진지한 탐구가 신화를 되살리는 바탕이 된다.

가지각색 여러 나라 신화

우리 신화를 자세히 들여다보기에 앞서 다른 나라 신화들을 대강 살펴보기로 한다. 우리 신화가 가진 성격을 더 뚜렷이 드러내기 위해서다.

첫째, 그리스 로마 신화다. 이 신화에 나오는 신들은 위엄과 권위를 갖추고 있지만 전능하거나 아주 착한 존재는 아니다. 인간과 마찬가지로 욕망과 유혹 앞에 쉽게 무너지고 때때로 자기 자신만을 위하며 잔혹하기까지 하다. 배반을 밥 먹듯이 하고 자기보다 나은 상대에게 질투를 느끼며 상대를 이기려고 엉큼한 음모를 꾸미는 것은 인간의 추한 모습을 그대로 빼닮았다. 그러나 관대함과 헌신, 의로움과 사랑 같은 숭고한 자질을 갖춘 신도 있다. 요컨대 그리스 로마 신화 신들은 인간의 거울이다. 대표 신으로는 제우스, 헤라, 헤르메스, 아폴론, 아르테미스, 프로메테우스, 헤라클레스, 가이아, 아테나, 데메테르, 디오니소스, 포세이돈, 티탄이 있다.

둘째, 북유럽 신화다. 척박한 땅에서 자연과 싸우며 힘들게 살아온 이곳 사람들에게 신은 아주 강한 힘을 지닌 존재여야만 했다. 그래야 사람을 도와줄 수 있기 때문이다. 이들 신화에서 신이 악마와 싸우는 전사의 모습으로 나타나는 것은 결코 우연이 아니다. 신들은 세상에 질서를 심으려 하고 악마들은 세상을 혼란으로 몰아넣으려 한다. 이 둘 사이 끊임없는 싸움이 신화의 줄거리가 됐다. 그러다 보니 선악이 맞서는 비장미를 갖추었지만, 더불어 낯선 것을 곧 나쁜 것으로 모는 빌미가 되기도 했다. 대표 신으로 로키, 오딘, 프리그, 티르, 토르, 발드르, 호드르, 발키리, 프레위르, 프레이야, 아에기르가 있다.

셋째, 이집트 신화다. 이들 신화는 신전에 제사를 올릴 때 신들 내력을 설명하는 주문 같은 것에서 생겨났다. 우리 나라 무속 신화 가운데 본풀이와 태생이 비슷하다. 이집트 신화 신들은 절대 힘을 가지고 있으나 사람과 교감하지 않는다. 세상에서는 오직 왕들만이 신과 교감할 수 있다. 이 신들은 자연 변화를 주관하거나 사람을 다스리고 심판하며, 대부분 몸은 사람이고 머리는 동물인 모습으로 그려진다. 대표 신으로 라, 누트, 이시스, 오시리스, 세트, 바스트, 토트, 하토르, 슈, 아누비스, 테프누트가 있다.

넷째, 인도 신화다. 명상과 철학의 민족답게 인도 사람들은 헤아릴 수 없이 많고 어마어마하게 규모가 큰 신화들을 만들어 냈다. 신들의 계보는 그 자체로 책 한 권이 될 만큼 복잡하고, 신화의 주제도 우주 창조와 파괴 사이를 오간다. 질서와 혼돈이 꼬리를 물고 되풀이되는 것은 인도 신화에서 중요한 이야기 요소다. 인도 신화는 현실에서 보이는 모든 것을 허깨비로 규정하는데, 이는 불교와 힌두교 영향으로 보인다. 신들은 거의가 여러 가지로 모습을 바꾸는 '화신'이다. 대표 신으로 브라흐마, 시바, 비슈누, 수리아, 라바나, 가네샤, 라크샤사, 라크슈미, 아그니가 있다.

다섯째, 아즈텍과 마야 신화다. 중남아메리카 원주민인 아즈텍과 마야 사람들은 일찍부터 찬란한 문화를 꽃피운 민족답게 많은 신화를 가지고 있다. 이들 신화에 나오는 신들은 사치스럽고 남과 사귀기를 좋아하며 성을 잘 안 내고 겉모습은 아름다운 편이다. 숭고한 것보다는 세속의 힘이나 슬기를 따르는 편이어서, 이를테면 카드놀이를 잘하는 신도 있고 사람을 잘 속이는 신도 있다. 또 전쟁이나 잔치를 주관하는 것처럼 저마다 맡은 일이 있다. 아즈텍 마야 신화는 유래담이나 모험담처럼 세속 이야기에 가까운 것이 많다. 대표 신으로 케찰코아틀, 테스카틀리포카, 우이칠로포틀리, 소치케찰, 신테오틀, 비라코차, 샤만에크, 아푸치, 틀랄록이 있다.

여섯째, 북아메리카 원주민 신화다. 백인들에게 땅을 빼앗기기 전 오랜 옛날부터 자연과 더불어 살아온 이 민족은 아주 재미있는 신화를 가지고 있다. 이들은 대부분의 신을 자기들 조상이라고 믿었다. 그리고 신들은 대체로 동물과 관련이 있다. 몇몇 신들은 기품 있고 고상하며 점잖지만, 많은 신들은 어린애처럼 순진하고 장난을 좋아한다. 우스꽝스러운 일을 벌이기도 하고 사람에게 곧잘 속아 넘어가기도 한다. 그러나 매우 대범해서 좀처럼 성을 내지 않는다. 신은 신화를 만든 사람을 닮는 법인가? 대표 신으로는 마니투, 아타엔시크, 와콘다, 쿠무시, 글루스캅, 나피, 도크위부치, 에스

차나틀레히, 위슈푸시, 이크티니케, 티에홀초디, 나예네즈가니가 있다.

이 밖에도 많은 나라와 민족들이 저마다 개성 있는 신화를 만들어 후손에게 전했다. 사람들이 살아온 자연환경과 모둠살이 모습에 따라 독특한 성질을 지닌 이야기가 태어났다. 그렇지만 모든 신화에 두루 통하는 비슷한 점도 있다. 세상을 만들 때 반드시 여신이 나온다든지, 모였다 흩어지는 일이 되풀이되는 규칙 같은 게 그것이다. 같은 점을 눈여겨보느냐 개성을 중요하게 여기느냐에 따라 신화는 인류 보편의 유산이 될 수도 있고 한 겨레나 공동체의 문화 상징이 될 수도 있다. 문화라는 것이 언제나 힘센 쪽 영향을 받을 수밖에 없다면, 보편성만 바라보다가는 우리도 모르는 사이에 우리 정체성을 잃게 될지도 모른다. 우리 신화만이 가진 남다른 성질을 눈여겨보아야 하는 까닭이 이러하다.

우리 신화의 두 갈래 흐름

다시 말하지만 우리 나라 신화에는 뚜렷한 두 갈래 흐름이 있다. 글신화는 대부분 건국(개국)에 얽힌 이야기로, 일찍부터 남을 다스리는 사람들 언저리에서 만들어져 전해 왔고, 말신화는 백성들 삶에 뿌리내린 토박이 신에 얽힌 이야기로, 남한테 다스림받는 사람들 사이에서 전승되었다. 말신화의 큰 줄기를 이루는 무속 신화는 보통 굿판에서 무당이 부르는 굿노래(서사무가)에 실려 구전되어 왔다.

옛날에 농사짓고 나무하고 고기 잡으며 살던 백성들은 삶 속에서 신을 찾을 일이 이따금 있었다. 이를테면 어느 집 며느리가 아기를 못 낳았다 치자. 아기를 얻으려고 무당을 불러 굿을 하면 무당은 아기 점지해 주는 삼신을 불러내게 마련이다. 이때 신을 모시기 전에 어떻게 해서 삼신이 되었는지 내력을 소상히 밝히는 거리를 베푸는데, 이것을 '본풀이' 또는 '푸념'이라고 한다. 겉은 노래지만 속은 이야기다. 신이 된 내력을 낱낱이 풀어 내려면 구비구비 사연 많은 이야기가 아니면 안 되기 때문이다.

무속 신화는 거의가 이렇듯 굿판에서 태어났다. 그리고 무당들 입에서 입으로 전해졌다. 솜씨 좋고 영험한 무당일수록 얽히고설킨 기다란 이야기를 잘 외워서 풀어 냈다. 하지만 이 이야기가 오로지 무당들 것만은 아니었다. 재미있고 서사성이 강한 이야기일수록 굿판을 떠나 민간에도 널리 퍼져 나갔다. 더러 전설이나 민담으로 그 모습이 바뀌기도 했다.

이 땅에 수많은 말신화가 전해 온 내력이 이러하다. 일찍이 글자가 민간에 널리 퍼지지 않았던 때, 처음부터 신화의 주된 흐름을 이룬 것은 아무래도 말신화였을 것이다. 글이 말을 앞설 수는 없기 때문이다. 그런데 세월이 흐를수록 말신화는 지배층 중심 주류 문화에서 멀어지면서 점점 오그라들고, 건국 신화로 대표되는 글신화가 주인 자리를 차지하고 큰소리를 치게 되었다. 이것이 권력층의 의도에서 비롯했음은 앞에서 말한 바와 같다.

글신화와 말신화를 마주 놓고 견주어 보면 다음과 같다.

		글신화	말신화
성격과 갈래		건국(개국) 신화가 주를 이룸	무속 신화가 주를 이룸
전승 도구		글	말(노래)
가짓수		적음	많음
전해진 모습	옛날	주류 문화에게 편애받으며 전해짐	미신으로 천대받으며 전해짐
	오늘날	널리 알려짐	민속자료(구전자료)로만 남아 있음

글신화는 지배층에게 편애와 호의 어린 대접을 받으며 민간에 퍼져 나갔기 때문에, 가짓수가 적은 데 대면 매우 큰 영향력을 자랑해 왔다. 그러나 말신화는 미신, 또는 천하고 미덥지 않은 이야기라 하여 천대받고 따돌림당하며 겨우 목숨을 이어 왔다. 그 버릇 탓에 요새도 말신화는 널리 알려지지 못하고 학자들 연구 논문 각주에 매달려 있거나 답답한 녹음테이프 안에 갇혀 있는 신세다.

이것이 우리가 말신화에 관심을 가져야 하는 까닭이다. 말신화는 보통 사람들 정서를 대변할 뿐 아니라 대체로 구성이 탄탄하고 줄거리가 아기자기하여 어느 모로 보나 글신화에 뒤지지 않는 재미와 문학성이 있다. 더구나 몇 안 되는 글신화에 견주면 가짓수가 많아서 우리 겨레의 이야기 곳간을 채우는 넉넉한 자산이 된다.

말신화는 거의가 굿노래에 실려 전해진 까닭에 산문이라기보다 시에 가깝다. 서술은 민담과 달리 물 흐르듯 구성진 가락이 있고 자상하여 마치 판소리 사설처럼 들린다. 신화를 떠받치는 상상력은 자유분방하여 하늘과 땅, 이승과 저승, 그리고 과거와 미래를 아무런 제약 없이 넘나든다. 그러나 상상력의 중심에는 한결같이 가난하고 억압받는 백성들 삶이 있다.

이야기가 전해지는 모양새를 살펴보면 말신화의 값어치는 더 커진다. 책에 실려 전승된 이야기는, 글자로 적는 순간부터 백성들 뜻과는 상관없이 다만 '물질'로 전해졌다. 곧 책이 오래 남으면 이야기도 살아남고 책이 사라지면 이야기도 사라졌던 것이다. 그리고 한번 글자로 굳어진 다음부터는 누구든지 함부로 창조에 끼어들 수 없었다.

하지만 노래나 이야기 꼴로 전해진 말신화는 어디까지나 전승 주체인 백성들 뜻에 따라 전할지 말지가 결정되었다. 이야기 줄거리도 백성들 가슴과 머리에서 나왔다. 민담에 견주어 변형이 적다고는 하지만, 말로 전한 이야기에 말하는 사람 생각이 스며들지 않을 수 없었다. 요컨대 말신화는 백성들이 만든 것이요, 백성들 뜻으로 전한 것이다.

이런 까닭에, 오늘날 말신화는 그 옛날 잃어버렸던 신화의 주인 자리를 되찾아 마땅하다. 적어도 글신화와 비슷한 대접을 받을 자격은 충분하다. 옛날 왕조 시대에는 말신화가 글신화에 견주어 턱없이 푸대접받을 만했을지 모르지만, 오늘날까지 그 버릇이 반성 없이 이어져 온 것은 안타까운 일이다. 몇 안 되는 건국 신화만이 신화의 전부인 양 여겨지는 우리 현실은 아무래도 바람직해 보이지 않는다. 이제 말신화를 온전하게 되살려 아이들에게 전해 주는 것은 아주 급하고도 중요한 일이 되었다.

우리 말신화의 특징 1

우리 말신화와 글신화의 겉모습은 앞에서 충분히 견주어 보았다. 이제 그 속내를 들추어 볼 차례다. 이렇게 두 신화를 견주어 보면 말신화의 성격을 뚜렷이 알아낼 수 있을 뿐 아니라 신화를 만든 사람들 생각까지 엿볼 수 있어서 흥미롭다. 물론 사람마다 눈길마다 얼마든지 다르게 견줄 수 있다. 그러면 이제부터 말신화와 글신화는 어떤 차이가 있는지 살펴보자.

첫째로 다른 점은 신의 권능과 자리다. 글신화에서 신들은 거의 능력이 뛰어나다. 전능하다고까지 할 수는 없지만 사람은 감히 넘볼 수 없는 힘과 권위를 가지고 있다. 게다가 신들은 그러한 권능을 앞세워 사람 위에 군림한다. 그러다 보니 저절로 사람은 뒷전으로 밀려난다. 이를테면 단군 신화에서 사람들은 그저 어렴풋이 '다스림을 받는 무리' 정도로 그려지며, 자연히 이야기 흐름에 큰 영향을 미치지 못한다. 고주몽 신화도, 박혁거세 신화도 마찬가지다. 이야기를 이끌고 나가는 주인공은 모두 신들이며, 사람은 다만 신을 우러르고 따르는 '보조 출연자'일 뿐이다.

이렇게 글신화가 신들 권위를 높이느라고 사람을 가볍게 그리는 경향이 있다면, 말신화는 어디까지나 사람을 중심에 둔다. 그러다 보니 신의 권능은 저절로 약해진다. 신들은 사람이 죽은 다음에야 힘을 쓰지, 산 사람에게는 거의 어쩌지 못한다. 사람에게 영향을 끼친다 해도 높은 자리에서 다스린다기보다 같은 자리에서 함께한다는 느낌이고, 그 모습도 매우 인간다워서 두렵기보다는 친근하다. 이를테면 우리 말신화 '조왕신 여산부인과 문왕신 녹두생이'를 보면 처음부터 한집 식구를 중심으로 이야기가 펼쳐진다. 신은 끝에 가서 사람에게 신성을 주려고 나타날 뿐이다.

옛날에 주년국 남선고을에 남선비와 여산부인이 부부로 살았어. 살면서 일곱 아들을 낳았지. 그래 아홉 식구가 사는데, 남선비가 선비랍시고 일은 안 하고 허구한 날 방구석에 틀어박혀 글만 읽는 바람에 그만 살림이 가난해져서 먹고살 길이 없어졌네.

여산부인이 보다 못해 시집올 때 가지고 온 옷가지와 패물을 몽땅 팔아서 쌀을 몇 섬 장만했어. 그걸 남편 앞에 내놓고 당부를 했지.

"여보, 이러다가 우리 식구 다 굶어 죽게 생겼으니 당신이 이것을 가지고 나가 쌀장사를 해 보시오. 당신이 한눈만 팔지 않고 부지런히 장사를 하면 이문이 좀 남을 테니, 그것으로 우리 식구 먹고살면 되지 않겠소?"

"그것 좋은 생각이오. 이문은 틀림없이 남을 테고 내 한눈파는 일은 없을 것이니 걱정 마시오."

그날로 남선비가 쌀장사를 하러 집을 떠났어. 배를 타고 쌀을 팔러 갔는데, 어디로 갔는고 하니 오동나라 오동고을로 갔네.

오동고을에 배를 대고 들어가니, 그 마을 주막집 딸 노일자대가 눈독을 잔뜩 들이다가 남선비한테 슬슬 수작을 걸어.

"풍채 좋은 저 선비님, 우리 집으로 가시지요. 쌀 다 팔릴 때까지 우리 집에 묵으면서 장기바둑이나 두고 지내면 그 아니 좋습니까?"

그 말에 남선비가 그만 홀딱 넘어가서 노일자대를 따라 주막으로 갔어. 그리고 그날부터 노일자대 꾀는 대로 술 마시고 장기바둑 두면서 놀았지. 밤낮으로 놀다 보니 하루 이틀 사흘 나흘 열흘 지나 한 달 만에 쌀 팔고 배 팔고 옷까지 팔아먹고 그만 빈털터리 알거지 돼 버렸네.

알거지 된 남선비는 노일자대네 주막에서도 쫓겨났어. 쫓겨나 허허벌판에 수수깡 움막 짓고 나무돌쩌귀 거적문 달고 살았지. 날마다 노일자대네 주막을 기웃거리며 먹다 남은 음식 찌꺼기나 얻어먹고 살았어. 노일자대는 남선비에게 찬밥 주는 것도 아깝다고 겨죽을 쑤어서 개밥그릇에 담아 줬지.

남선비는 날마다 겨죽만 얻어먹고 살다가 그만 눈이 멀어 버렸어. 눈이 멀어 앞이 안 보이니 이제는 고향에 가고 싶어도 못 가는 신세가 됐지.

이때 남선고을에서는 아무리 기다려도 남선비가 안 오니까 일곱 아들이 여산부인한테 그랬어.

"어머니, 저희들이 아버지 찾으러 가겠습니다."

여산부인이 그 말을 듣고,

"너희들 일곱이 다 갔다가 모두 변이라도 당하면 어쩌느냐? 차라리 내가 가마."

하고서, 곧 배를 타고 남편을 찾아 나섰지. 몇 날 며칠 동안 가다가 어느 고을에

닿았는데, 바로 오동나라 오동고을이야.

여산부인이 뭍에 올라 이리저리 돌아다니다 보니, 저만치 기장 밭에서 웬 사내아이가 새를 쫓는데, 이런 노래를 부르며 쫓아.

"후여 후여, 새들아. 약은 체 말아라. 똑똑하다는 남선비도 노일자대 꾐에 빠져 쌀 팔고 배 팔고 옷까지 팔아 먹고 겨죽 단지 옆에 끼고 죽을 날만 기다린다. 후여, 후여. 새들아, 약은 체 말아라."

들어 보니 남선비 말이 나오기에 얼른 달려가 새 쫓는 아이한테 물었지.

"방금 네가 부른 노래가 무엇이냐? 한 번만 더 불러 보아라."

손가락에 끼고 있던 은가락지를 빼 주며 달래니 아이가 한 번 더 노래를 부르는데,

"똑똑하다는 남선비도 노일자대 꾐에 빠져 쌀 팔고 배 팔고 옷까지 팔아 먹고 겨죽 단지 옆에 끼고 죽을 날만 기다린다."

이러거든.

"가르쳐 다오. 남선비는 어디에 사느냐?"

"이 고개 넘고 저 개울 건너 허허벌판에 수수깡 움막 짓고 나무돌쩌귀 거적문 달고 살지요."

아이가 가르쳐 준 길을 따라가 보니, 아니나 다를까 허허벌판에 나무돌쩌귀 거적문 단 수수깡 움막이 있어. 안에 들어가 보니 남편이 겨죽 단지를 옆에 끼고 앉았는데, 가만히 보니 눈까지 멀어 있네.

여산부인이 기가 막혀 눈물만 흘리다가, 가지고 간 쌀을 안쳐 밥을 한 솥 지었어. 그 밥을 상에 올려 남선비 앞에 내놨지.

"주인은 이 밥 좀 드십시오."

남선비가 허겁지겁 밥 한 술을 입에 떠 넣더니 그만 눈물을 줄줄 흘리면서 울어.

"손님, 이게 무슨 밥이기에 더도 말고 덜도 말고 고향에서 우리 아내 여산부인 지어 주던 밥맛 그대로입니까?"

"주인은 밥맛만 알고 사람은 모릅니까? 내가 바로 여산부인입니다."

그제야 남선비가 여산부인 온 줄 알았지.

둘이서 손을 부여잡고 그동안 쌓인 이야기를 하는데, 이때 노일자대가 찾아왔어. 노일자대가 남선비 죽었는지 살았는지 살피느라고 왔다가 여산부인이 온 걸 알고, 그 앞에 날아갈 듯 절을 하며 입 안에 든 혀처럼 싹싹하게 굴지.

"아이고, 형님 오셨습니까? 먼 길 오시느라 얼마나 고생하셨습니까? 그동안 이 몸이 서방님을 모시느라고 모셨으나 워낙 형편이 어려운 탓에 크게 죄를 지었습니다."

하고서,

"형님, 이 고을 오천강 연못이 맑으니 저와 함께 목욕이나 가십시다."

하고 여산부인을 연못에 데리고 갔어. 가서 여산부인 옷 벗는 것 도와주는 척하다가 힘껏 떠밀어 물속에 빠뜨려 버렸네. 그래 놓고 여산부인 옷을 입고 움막으로 돌아와, 자기가 여산부인인 것처럼 목소리를 꾸며 남선비에게 고했지.

"노일자대는 행실이 괘씸하기로 제 집에 돌려보냈습니다."

남선비는 그게 노일자대인 줄도 모르고,

"그것 참 잘하였소. 어서 우리 고향으로 돌아갑시다."

하고는, 둘이 함께 배를 타고 오동나라 오동고을을 떠나 남선고을로 갔어.

이때 남선고을에서는 일곱 형제가 날마다 어머니 돌아오기만을 기다리고 있다가, 하루는 앞바다에 어머니 타고 간 배가 들어오는 것을 보고 얼른 마중을 나갔지.

마중을 나가 보니 배에서 내리는 사람이 어머니가 아니거든. 위로 여섯 아들은 긴가민가하는데, 막내아들 녹두생이는 노일자대 앞을 막고 물어.

"어머니는 어찌하여 갈 때 모습과 올 때 모습이 다릅니까?"

"뱃길이 험하여 고생하다 보니 뼈도 굽고 살도 빠져 그렇다."

"그러면 어찌하여 갈 때 목소리와 올 때 목소리가 다릅니까?"

"파도가 높고 바람이 커서 소리 지르다 보니 목이 쉬어 그렇다."

집에 돌아가 살면서 노일자대가 가만히 보니 위로 여섯 아들은 어수룩해서 잘 속는데 막내아들 녹두생이만은 똑똑해서 안 속거든. 어떻게 해서든지 녹두생이를 없애 버리려고 악독한 마음을 먹었어. 거짓으로 병든 체 누워서 끙끙 앓다가 남선비를 졸랐지.

"여보, 내가 아무래도 죽을병에 걸린 것 같소. 저잣거리에 가면 강절도령이라는 용한 점쟁이가 있다 하니 거기 가서 물어보오."

눈먼 남선비가 지팡이 짚고 더듬더듬 저잣거리로 가는 사이에, 노일자대가 얼른 뒷문으로 나가 저잣거리에 먼저 가서 앉아 있다가, 남선비 오는 것을 보고 목소리를 꾸며 내어 수작을 걸지.

"거기 오는 이가 남선비 아니오? 내가 바로 강절도령이오만, 보아하니 부인이 몹시 아프구면."

"어떻게 아셨소? 어찌하면 낫겠소?"

"그 병은 살이 끼어 다른 방도가 없소. 딱 한 가지 방도가 있는데, 막내아들 간을 내 먹여야 되겠소."

그 말을 들은 남선비가 넋을 놓고 더듬더듬 집에 돌아와 눈물 흘리며 울고만 있으니. 노일자대가 또 일을 시켜.

"건넛마을 초입에 편작노인이라는 용한 의원이 있다 하니 거기 가서 말해 보오."

눈먼 남선비가 지팡이 짚고 더듬더듬 건넛마을로 가는 사이에, 노일자대가 얼른 뒷문으로 나가 건넛마을 초입에 먼저 가서 앉아 있다가, 남선비 오는 것을 보고 목소리를 꾸며 내어 수작을 걸지.

"남선비가 무슨 일로 예까지 오셨소? 내가 바로 편작노인이오."

"집에 아픈 사람이 있어 모셔 가 보이려고 왔소이다."

"갈 것도 볼 것도 없소. 부인의 병에는 딱 한 가지 약밖에 없으니, 막내아들 간이 아니고는 못 고치겠소."

그 말을 들은 남선비가 또 넋을 놓고 더듬더듬 집에 돌아와 눈물 흘리며 울고만 있으니. 노일자대가 또 일을 시켜.

"뒷산 서낭당에 영험한 장승이 있다 하니 거기 가서 빌어 보오."

눈먼 남선비가 지팡이 짚고 허위허위 뒷산 서낭당으로 올라가는 사이에, 노일자대가 얼른 뒷문으로 나가 뒷산 서낭당에 먼저 가서 앉아 있다가, 남선비 오는 것을 보고 목소리를 꾸며 내어 수작을 걸지.

"여봐라, 나는 장승이니라. 소원이 있으면 여기서 빌어라."

"예, 영험하신 장승님께 비나이다. 우리 집 아픈 사람 병을 하루 빨리 낫게 해 줍시오."

"아픈 부인 고치려면 막내아들 간을 내 먹이는 수밖에 없으니 더 망설이지 마라."

내리 세 번 똑같은 말을 듣고 나니 남선비도 어쩔 수가 없어, 그길로 집에 돌아와 일곱 아들을 불러 놓고 울면서 말을 했지.

"너희 어머니 병 고치려면 막내아들 간을 내어 먹여야 한다는데 이 일을 어찌하면 좋으냐?"

녹두생이가 나서서,

"아버지, 염려 마십시오. 조금 있다가 뒷산 너럭바위에 와 보시면 아실 일이
있을 것입니다."

하고는, 그길로 뒷산에 올라가 죽으려고 했어. 이때 산속에서 멧돼지 한 마리가
나타나더니 제 간을 빼 주면서,

"이걸 너럭바위에 올려놓고 너는 동굴 속에 숨어 있어라."

하거든. 시키는 대로 했더니, 조금 뒤 남선비가 와서 간을 가져다가 노일자대에
게 줬어. 노일자대는 그 간을 받아 일곱 토막을 낸 다음 삿자리 밑에 숨겼지. 그
래 놓고는,

"내가 그것을 먹었더니 병이 씻은 듯이 나았다."

하면서 벌떡 일어나지.

이때 동굴 속에 숨어 있던 녹두생이가 나와서 일곱 형들을 불러 놓고,

"형님들, 어서 안방에 들어가 삿자리 밑을 들쳐 보십시다."

하고는, 여섯 형들과 함께 노일자대 방에 들어가 삿자리를 훨떡 들치니 간 일곱
토막이 그대로 나오지 뭐야.

"여섯 형님들, 이제 아셨습니까? 이 여자는 우리 어머니가 아닙니다."

그제야 노일자대는 본색이 들통 난 걸 알고 허둥지둥 달아났지. 달아나다가
급한 나머지 뒷간에 들어갔는데, 이때 뒷간 문설주에 머리를 부딪치고 죽었어.

일곱 형제는 남선비에게 자초지종 이야기를 다 듣고, 노일자대가 어머니 여산
부인을 오천강 연못에 빠뜨린 것을 알았지. 그길로 배를 타고 오동나라 오동고
을로 가서, 오천강 연못에서 어머니를 건져 놓고는 울면서 하늘 보고 빌었어.

"옥황상제님, 옥황상제님. 일곱 아들이 눈물로 빕니다. 부디 우리 어머니 살려
주소서."

이레 밤낮을 빌었더니 하늘에서 환생꽃 다섯 송이가 나풀나풀 떨어지더래. 어

머니 몸 위에 뼈살이꽃, 살살이꽃, 피살이꽃, 숨살이꽃, 혼살이꽃을 차례로 올려
놓았더니 뼈가 살고 살이 살고 피가 살고 숨이 살고 혼이 살아, 하늘 보고 절 한
번 하고 물푸레나무 회초리로 세 번 치니 어머니가 기지개를 켜면서 일어나 앉
더래.

"아이고, 봄잠이라 달게 잤구나. 너희들이 다 여기에 웬일이냐?"

"어머니 모시러 왔습니다."

어머니와 함께 집으로 돌아가서, 일곱 형제는 그 뒤로도 오래오래 오순도순
잘 살았어. 그러다 죽을 날이 되니 옥황상제가 식구들을 신으로 정해 주는데,

"여산부인은 오랫동안 차가운 물속에 있었으니 몸인들 좀 추웠을까. 이제부
터는 따뜻한 부엌에서 살도록 조왕신으로 보내 주마."

하고,

"막내 녹두생이는 앞문 지키는 문왕신으로 좌정하여 그 밝은 눈으로 집안에
들어오는 온갖 액을 막아 다오."

하고,

"노일자대는 뒷간 문설주에 머리 부딪쳐 죽었으니 측신이나 되어서 뒷간을 지
키되, 여산부인 조왕신이 지키는 부엌 쪽으로는 얼씬도 마라."

해서, 다 그대로 됐어.

이처럼 신화 주인공들은 모두 사람이며 줄거리 또한 사람의 삶을 중심에
두고 펼쳐진다. 여산부인과 노일자대가 갈등 당사자인데, 이들은 남선비라
는 무능한 인물을 가운데 두고 본부인과 첩실 또는 선인과 악인으로 맞서
며 이야기를 풀어 나간다. 신은 오직 옥황상제가 나올 뿐이며, 이야기 중간
에는 한 번도 보이지 않다가 끝에 가서 주인공들에게 신성을 주려고 잠깐

나온다. 사람의 삶에 거의 영향을 미치지 않는 모습이다.

신화에서 큰 힘과 권위를 가진 신이 가운데에 서면 사람들은 저절로 가장자리로 밀려나는데, 이렇게 신의 권능이 두드러지는 이야기는 신성성과 제의성이 강해서 예부터 '제도권' 신화로 많이 쓰였다. 나랏일이나 종교 의식에 쓰였던 신화들이 거의 이런 것이다. 백성들이 이야기로 즐긴 신화에는 거의 사람답거나 사람에게 봉사하는 신들이 나온다. 신을 높은 자리에 올려놓고 그 힘과 권위를 떠받들기보다 신과 사람이 함께 부대끼며 갈등하고 화해하는 과정을 그린 이야기가 더 크게 백성들 마음을 사로잡은 모양이다.

둘째로 다른 점은 신의 영향력이 미치는 테두리다. 글신화인 건국 신화에서 신의 영향력은 그 나라 안에 머문다. 대부분 건국 영웅이 태어나서 집권할 때까지를 그리기 때문에, 그 과정이 끝나면 더 이야기를 끌고 갈 힘이 사라진다. 신은 건국 영웅에게 일정한 권위를 주는 구실을 할 뿐이며, 나머지 사람들에 대해서는 아는 바도 없고 알 필요도 없다. 왜 그런가? 건국 신화를 만든 목적과 배경을 생각해 보면 쉽게 알 수 있다. 건국 시조에게 신성의 옷을 입혀 주면, 그 신성을 이어받은 지배층은 저절로 권위와 정통성을 얻게 된다. 그리고 그 권위와 정통성은 나라 안에서만 힘을 쓰면 충분하다. 굳이 성가시게 다른 나라까지 테두리를 넓힐 까닭이 없다는 얘기다.

그러나 말신화인 무속 신화는 처음부터 생긴 자리가 다르다. 다시 말해 굿판에서 신을 모실 때 그 내력을 풀고자 만들어졌다. 무속에서 신의 권능은 사람들에게 내리는 재앙을 막아 주거나, 그 원인을 밝히는 데 필요했다. 그러므로 신은 백성들 위에 군림하여서는 안 되고 백성들 삶에 어떤 방식으로든 봉사해야 한다. 또 신의 영향력은 나라 따위에 얽매이지 않고 온 세상 사람들에게 닿아야 한다. 이를테면 병막이신이 우리 나라 사람 병만 고쳐 주고, 삼신이 우리 나라 사람한테만 아기를 점지해 줘서야 되겠는가. 옛날 백성들은 옥황상제가 결코 우리 나라 사람들만의 신이라고 생각하지 않았다.

셋째로 다른 점은 신들의 신분이다. 여기서 신분이란 신들 사이에 차별을 두는 계급 같은 것이 아니라 사람 눈으로 본 신분을 말한다. 예컨대 글신화인 단군 신화나 고주몽 신화에 나오는 신과, 말신화인 황우양씨 신화나 할락궁이 신화에 나오는 신은 신분이 하늘과 땅만큼 다르다. 신분이 다르기 때문에 사는 곳도, 하는 일도, 사귀는 이웃도 다 다르다.

글신화에 나오는 신들은 거의 신분이 고귀하다. 아무리 어려운 처지에 있더라도 왕족이거나 귀족이다. 이를테면 환웅은 하늘나라 왕자이고 고주몽 또한 비록 서자이지만 왕자 신분이다. 해모수는 하늘 임금 아들이고 수로왕 부인은 아유타나라 공주다. 금와왕도 석탈해도 마찬가지다. 여염 사람이나 미천한 신분에 있는 이가 신이 되는 경우는 거의 없다.

그러나 말신화에 나오는 신들은 신분이 높지 않다. 벼슬이라고 해 봤자 보잘것없는 자리일 뿐이다. 이를테면 황우양은 하늘나라 옥황궁 짓는 목수이고, 신산만산할락궁이는 서천꽃밭을 지키는 꽃감관이다. 요새 말로 하면 공사판 기술자요, 경비실장쯤 되는 셈이니 그걸 뭐 높은 벼슬이라 할 것인가. 심지어 감은장아기 신화에는 빌어먹는 거지가, 사만이 이야기에는 집도 없는 떠돌이가, '거북이와 남생이'에는 부모 없는 앉은뱅이와 소경 아이들이 나온다. 이들이 갖은 고생 끝에 신으로 들어섬은 물론이다. 신화는 그것을 만든 사람의 삶을 비출 수밖에 없다는 사실을 증명해 주는 대목이다.

우리 말신화의 특징 2

다음으로 우리 말신화와 서양 그리스 로마 신화를 견주어 보기로 한다. 신화를 만든 백성들 삶과 정신이 어떻게 달랐는지, 그이들이 신을 어떻게 보았는지 짐작하는 열쇠가 될 것이다. 또 옛사람들이 이야기를 즐기던 모습을 엿보는 통로가 될 수도 있다. 과연 어떻게 다른가?

첫째, 신과 사람이 맺는 관계가 다르다. 서양 신화가 주로 신들끼리의 사랑과 미움, 음모와 투쟁을 다루고 있다면 우리 말신화에는 신과 사람의 소통을 다룬 것이 많다. 사람들 삶 한복판에서 이야기를 시작해 신과 사람이 함께 매듭을 풀어 나가는 것이 대부분이다. 이때 신은 사람을 이끌거나 다스린다기보다 함께 숨 쉬고 일하며 때로는 사람과 다투기도 한다. 생김새뿐 아니라 사는 방식과 생각까지도 사람과 비슷하다. 요컨대 우리 말신화에서 신들은 사람과 매우 가까운 곳에 있다.

그리스 로마 신화에서도 신들은 매우 사람다운 모습을 보이는데, 이는 우리 말신화와 닮은 점이다. 그러나 이들이 엮어 가는 이야기 성격은 꽤나 다르다. 그리스 로마 신화에서는 주로 신들이 문제를 만들고 푼다. 신들끼리 서로 돕고 싸우고 사랑하고 배신하며 이야기를 펼쳐 나가는 것이다. 사람이 안 나오는 건 아니지만 거의 들러리 격이고 주인공은 어디까지나 신들이다. 반면에 우리 말신화는 신과 사람이 교감하되 사람의 삶을 중심에 두고 이야기가 펼쳐진다. 주인공은 어려움을 만나 많은 고생을 겪지만 신한테 도움을 받아 끝내 어려움을 이겨 내고 신성을 얻는다는 것이 기둥 줄거리다.

이를테면 자청비와 문도령 이야기에서 땅나라 처녀 자청비와 인연을 맺는 문도령은 하늘나라 신이다. 신이라고 해서 틀거지가 큰 것도 아니요, 대단한 능력을 지닌 것도 아니다. 삼 년 동안 함께 지내면서도 자청비가 여자인지조차 모르고, 오랜만에 자청비를 찾아왔다가 손가락을 바늘에 찔리자 화를 내며 하늘로 올라가 버릴 만큼 속이 좁다. 서역 백귀들과 싸움이 났을 때도 아내인 자청비에게 군대를 맡기고 저는 손 하나 까딱 안 한다.

삼신할멈 신화에도 그와 비슷한 대목이 있다. 동해 용왕 딸은 삼신 노릇을 하지만 명색이 신이면서도 솜씨가 형편없다. 어머니 아닌 사람에게도 아기를 마구 점지해 주는가 하면, 석 달 만이고 삼 년 만이고 내키는 대로 낳게 하니 말이다. 그러면서도 저보다 솜씨 좋은 새 삼신을 샘하여 빗자루로 때리니 어찌 신의 풍모라 하겠는가. 새 삼신은 본디 사람이었으니 사람보다 못한 신이 여기에 있다.

그런가 하면 저승차사 강림도령 이야기에는 염라대왕을 잡으러 저승에 가는 이승 총각이 나온다. 저승 가는 길에 많은 신들한테 도움을 받긴 하지만 끝내 총각은 자기 힘과 꾀를 써서 염라대왕을 이승에 데려오고야 만다. 사람의 힘과 꾀 앞에 서슬 퍼런 염라대왕도 꼼짝을 못 하고 잡혀오다니, 이럴 수가 있는가. 하지만 바로 그럴 수 있는 것이 우리 말신화다. 신을 다만 전능하고 두려운 존재로만 보았다면 이런 이야기를 만들어 내지 못했으리라.

둘째, 신이 되는 과정이 다르다. 서양 신화는 대체로 신의 존재를 움직일 수 없는 것으로 그려 놓고서 이야기를 시작한다. 신은 처음부터 거기에 있었으므로 그걸 두고 딴죽을 걸 수는 없다. 하지만 우리 말신화는 이런 물음으로 물꼬를 튼다. "그이는 어떻게 해서 신이 되었는가?" 그래서 이야기는 주로 주인공이 신이 되기까지 과정을 그린다. 주인공은 사람으로 태어나 온갖 어려움을 겪는다. 어려움을 다 이겨 내고 정해진 통과의례를 거치면 비로소 신으로 좌정한다. 그것으로 이야기도 끝난다.

이를테면 바리데기 신화에서 바리데기는 일곱 딸 가운데 막내로 태어나 포대기에 싸인 채 버려진다. 그 뒤 식구들을 다시 만나지만, 아버지 병 고칠 약물을 뜨러 서천서역국에 가서 온갖 고생을 다 한다. 우여곡절 끝에 약물을 구하여 아버지를 살려 낸 뒤에도 주인공에게 신격은 주어지지 않는다. 죽음에 이르러서야 드디어 바리데기는 죽은 이를 저승으로 이끄는 오구신, 또는 무당의 뿌리인 무조신이 된다. 그동안 겪은 온갖 고생은, 말하자면 신이 되기 위한 통과의례라고 볼 수 있다.

우리 무속 신화는 거의 예외 없이 이런 틀을 갖고 있다. 저승시왕이 되는 초공 삼형제나 성주신과 지신이 되는 황우양 부부, 일월신이 되는 궁상선비와 해당금이, 어느 것 하나 이 틀에서 벗어나는 일이 없다. 모험을 다룬 신화 가운데 걸작이라 할 만한 제주도 신화 '오늘이'도 마찬가지다.

옛날 옛적, 넓고 넓은 강림들 한복판에 한 여자아이가 살았어. 그 아이는 부모도 없고 형제도 없이 혼자 살았지. 성도 없고 이름도 없고, 나이가 몇 살인지도 몰랐어. 그래도 별 탈 없이 잘 살았지. 배가 고플 땐 날짐승이 먹을 것을 물어다 주고, 날이 추울 땐 길짐승이 따스하게 품어 준 덕분이야.

지나가는 사람들이 이 아이를 보고서, 오늘 만난 아이라고 '오늘이'라고 이름을 지어 줬어. 오늘이는 날마다 날짐승 길짐승과 동무해서 놀았지. 두루미와 함께 춤을 추고, 꾀꼬리와 함께 노래 부르고, 노루와 함께 달음박질했어.

하루는 강림들 동쪽에 사는 백주할머니가 지나가다 오늘이를 보고 물어.

"애야, 오늘이야. 너는 어머니 아버지가 보고 싶지 않느냐?"

"저에게는 어머니 아버지가 없습니다."

"아니다. 너에게도 어머니 아버지가 있단다. 지금 원천강 부모궁에 살고 있지. 보고 싶거든 강림들 북쪽 흰 모래땅을 지나 소나무 언덕에 정자를 찾아가거라. 길 가르쳐 줄 사람이 있을 게다."

그 말을 들은 오늘이는 어머니 아버지를 찾아가기로 마음먹었어. 날짐승 길짐승 동무들에게 하직 인사를 하고 나서 곧장 강림들을 떠났지.

강림들을 떠난 오늘이는 북쪽으로 북쪽으로 자꾸만 갔어. 넓디넓은 흰 모래땅을 몇 날 며칠 지나가니, 아니나 다를까 소나무 언덕에 정자가 하나 있더래. 정자에서 글을 읽는 총각에게 물었지.

"도련님 도련님, 글 읽는 도련님. 원천강 부모궁은 어디로 가나요?"

"여기서 동쪽으로 누른 모래땅을 지나 거울같이 맑은 연못에 가면 길을 가르쳐 줄 연꽃이 있을 게다. 그런데 한 가지 부탁이 있다. 나는 장상이라는 사람인데, 원천강에 가거든 내가 언제까지 여기서 글만 읽고 있어야 하는지 물어봐 다오."

"그러지요."

장상도령과 헤어진 오늘이는 동쪽으로 동쪽으로 자꾸만 갔어. 넓디넓은 누른 모래땅을 몇 날 며칠 지나가니, 아니나 다를까 거울같이 맑은 연못이 있더래. 연못가에 피어 있는 연꽃에게 물었지.

"연꽃님 연꽃님, 커다란 연꽃님. 원천강 부모궁은 어디로 가나요?"

"여기서 북쪽으로 검은 모래땅을 지나 깊이를 알 수 없는 푸른 바다에 가면 길을 가르쳐 줄 이무기가 있을 게다. 그런데 한 가지 부탁이 있다. 원천강에 가거든 왜 내 몸 가운뎃줄기에만 꽃이 피고 다른 줄기에는 꽃이 피지 않는지 그 까닭을 물어봐 다오."

"그러지요."

연꽃과 헤어진 오늘이는 북쪽으로 북쪽으로 자꾸만 갔어. 넓디넓은 검은 모래 땅을 몇 날 며칠 지나가니, 아니나 다를까 깊이를 알 수 없는 푸른 바다가 있더래. 바닷가에 뒹굴고 있는 이무기에게 물었지.

"이무기님 이무기님, 길다란 이무기님. 원천강 부모궁은 어디로 가나요?"

"저기 매어 놓은 배를 타고 이 바다를 건너 복숭아나무 언덕에 정자를 찾아가 면 길을 가르쳐 줄 사람이 있을 게다. 그런데 한 가지 부탁이 있다. 원천강에 가거든 왜 내가 보물구슬을 세 개나 가지고도 삼천 년이 지나도록 용이 못 되 는지 그 까닭을 물어봐 다오."

"그러지요."

이무기와 헤어진 오늘이는 배를 타고 노를 저어 바다를 건너갔어. 깊디깊은 바다를 몇 날 며칠 건너가니, 아니나 다를까 복숭아나무 언덕에 정자가 하나 있 더래.

정자에서 글을 읽는 처녀에게 물었지.

"아가씨 아가씨, 글 읽는 아가씨. 원천강 부모궁은 어디로 가나요?"

"저기 구름 걸린 바위산을 넘어 단물 솟는 우물을 찾아가면 길을 가르쳐 줄 선 녀가 있을 게다. 그런데 한 가지 부탁이 있다. 나는 내일이라는 사람인데, 원 천강에 가거든 내가 언제까지 여기서 글만 읽고 있어야 하는지 물어봐 다오."

"그러지요."

내일아가씨와 헤어진 오늘이는 구름 걸린 바위산을 넘어갔어. 높디높은 바위 산을 몇 날 며칠 넘어가니, 아니나 다를까 단물 솟는 우물이 하나 있더래. 우물에 서 물 긷는 선녀에게 물었지.

"선녀님 선녀님, 물 긷는 선녀님. 원천강 부모궁은 어디로 가나요?"

"원천강은 옥황궁 가는 길에 있으니 내가 데려다 주마. 그런데 한 가지 부탁이 있다. 이 물동이를 가득 채워야 옥황궁에 돌아갈 텐데, 바가지가 새서 물을 퍼 담을 수 없구나. 바가지를 좀 고쳐 다오."

"그러지요."

오늘이는 정당풀을 뜯어 바가지 구멍을 막고, 송진을 녹여 칠한 다음 볕에 말려 굳혔어. 그 바가지로 물을 퍼 담으니 물동이가 금세 가득 차거든. 선녀는 기뻐하며 물동이를 이고 가고, 오늘이는 선녀 뒤를 따라갔지.

산을 넘고 물을 건너 몇 날 며칠 걸어가니 큰 마을이 나타나는데, 집과 절은 산과 들을 뒤덮고 높은 성은 하늘을 찌르더래. 원천강에 다 온 거야.

선녀와 헤어진 뒤 오늘이는 성문을 지키는 문지기에게 부탁을 했어.

"문지기님 문지기님, 문 지키는 문지기님. 부모궁에 계시는 어머니 아버지께 강림들에서 딸이 왔다고 전해 주세요."

조금 뒤에 말 탄 사람이 나오더니 오늘이를 말에 태워 부모궁에 데려가더래. 궁에 들어가니 흰 옷 입은 부부가 기다리고 있다가 물어.

"네가 강림들에서 온 아이냐?"

"그렇습니다."

"네 이름이 무엇이냐?"

"본시 이름이 없었는데 지나가는 사람들이 오늘 만났다고 오늘이라 하였습니다."

"강림들에서는 어떻게 지냈느냐?"

"배가 고플 땐 날짐승이 먹을 것을 물어다 주고, 날이 추울 땐 길짐승이 따스하게 품어 주었습니다."

"그렇다면 우리 딸이 틀림없구나."

오늘이는 부모궁에서 어머니 아버지와 함께 세 이레 스무하루를 보냈어. 원천강은 봄 여름 가을 겨울이 한데 있어서, 동쪽을 보면 봄꽃이 피어 있고 서쪽을 보면 여름 나무가 빽빽하고 남쪽을 보면 가을 단풍이 울긋불긋하고 북쪽을 보면 겨울 눈이 하얗게 쌓여 있었지.

꿈같은 스무하루가 후딱 지나가고, 이제 돌아갈 날이 됐어.

"어머니 아버지와 함께 천년이고 만년이고 살고 싶지만, 오다가 부탁받은 일이 있어서 그만 가 봐야겠습니다."

어머니 아버지가 부탁받은 일을 하나하나 가르쳐 줘.

"장상도령과 내일아가씨는 당장이라도 글 읽기를 멈추고 서로 혼인을 하면 오래오래 복을 누릴 것이다. 연꽃은 가운뎃줄기에 핀 꽃을 남에게 주고 나면 다른 줄기에도 꽃이 필 것이야. 이무기는 욕심이 많아 보물구슬을 세 개나 가진 탓에 용이 못 되는 것이니라. 이제라도 구슬 둘을 버리고 하나만 가지면 용이 될 것이야. 그리고 누구든지 연꽃과 보물구슬을 얻으면 옥황궁 선녀가 될 게다."

오늘이는 어머니 아버지께 하직 인사를 하고 원천강을 떠났지.

돌아오는 길에 복숭아나무 언덕에서 글을 읽는 내일아가씨를 만났어.

"내일아가씨는 이제 글을 그만 읽으시고 장상도련님과 혼인하면 오래오래 복을 누릴 거라고 하셨습니다."

"그래? 하지만 나는 장상도련님이 누구인지, 어디에 사는지도 모르는걸."

"그것은 제가 알고 있으니 저를 따라오세요."

오늘이는 내일아가씨를 데리고 길을 떠났어. 그리고 곧 이무기를 만났지.

"이무기님은 보물구슬을 세 개나 가진 것이 탈이니, 그중 두 개를 버리면 용이 될 거라고 하셨습니다."

"그럼 이 보물구슬은 네가 가져라."

이무기는 보물구슬 두 개를 오늘이에게 주고 나서 곧 용이 되어 하늘로 올라갔어. 오늘이는 보물구슬을 품에 넣고 또 길을 떠났지. 그리고 곧 연꽃을 만났어.

"연꽃님은 가운뎃줄기에 핀 꽃을 남에게 주고 나면 다른 줄기에도 꽃이 필 것이라고 하셨습니다."

"그럼 이 꽃은 네게 주마."

연꽃은 가운뎃줄기의 꽃을 오늘이에게 주고 나서, 곧 온몸의 줄기마다 고운 꽃을 활짝 피웠어. 오늘이는 연꽃을 품에 넣고 또 길을 떠났지. 그리고 곧 장상도령을 만났어.

"장상도련님은 이제 글을 그만 읽으시고 내일아가씨와 혼인하면 오래오래 복을 누릴 거라고 하셨습니다."

"그래? 하지만 나는 내일아가씨가 누구인지, 어디에 사는지도 모르는걸."

"걱정 마세요. 바로 여기 모셔 왔으니까요."

장상도령과 내일아가씨는 곧 혼인을 하여 부부가 됐어.

오늘이는 강림들로 돌아와 두루미와 꾀꼬리와 노루를 다시 만났어. 그 동무들과 춤추고 노래하고 달음박질하며 오래오래 행복하게 잘 살았지.

그러다가 나중에는 하늘나라 옥황궁에 올라가 선녀가 되었단다.

우리 말신화는 왜 이러한 틀을 갖게 되었을까? 이 의문은 말신화가 굿노래에 실려 전해졌다는 것을 알면 저절로 풀린다. 굿노래의 대표 격인 본풀이는 신이 신으로서 어떤 일을 했느냐가 아니라 어떤 과정을 거쳐서 신이 되었느냐를 풀어 낸다. 본풀이가 시작되면 좌중 또한 그 신이 어떤 과정을 거쳐 신으로서 권능을 갖게 됐느냐에 관심을 갖는다. 그러니 주인공이 신이 되고 나면 자연히 관심도 시들해지고 이야기도 끝난다.

신의 존재를 기정사실로 보면 신은 절대 권위를 갖게 된다. 처음부터 신성과 힘을 지니고 나오니 그럴 수밖에. 하지만 "사람이 어찌어찌 하다 보니 신이 되었다"고 하면 그 신은 훨씬 사람다워진다. 세상살이도 훤히 알고 슬픔과 기쁨도 다 헤아릴 듯하다. 우리 말신화에 처음부터 신으로 나오는 절대자는 옥황상제(천지왕)뿐이다. 다른 신들은 모두 갖은 어려움을 겪은 끝에 신의 권능을 받고 주어진 몫을 하게 된다.

셋째, 신이 깃들어 있는 곳이 다르다. 서양 신화에 나오는 신들은 거대한 자연물이나 추상 관념에 깃들어 있는 수가 많다. 이를테면 태양과 대지, 사랑과 복수 따위다. 이런 것은 너무나 어마어마하여 쳐다보거나 생각하기만 해도 기가 죽을 것 같다.

하지만 우리 말신화에 나오는 신들은 그렇지 않다. 거의가 세속의 작은 사물에 깃들어 있다. 손만 뻗으면 닿을 만한 바위와 나무, 개울과 둔덕 같은 것이 신들의 보금자리다. 집 안 곳곳에 있는 자잘한 물건이나 터에도 신들이 있다. 부뚜막, 대문간, 대들보, 곳간, 장독간, 대청마루, 뒷간……, 이렇듯 사는 곳이 많다 보니 신들 수도 셀 수 없을 만큼 많다.

예컨대 그리스 신화에 나오는 포세이돈과 우리 신화에 나오는 용왕은 하는 일이 비슷하다. 둘 다 물을 주관하니 말이다. 그런데 포세이돈이 유일신인 데 견주어 용왕은 여럿이다. 동해 용왕, 서해 용왕, 남해 용왕에다가, 백두산 천지 용왕, 한라산 백록담 용왕도 있고, 압록강 용왕, 두만강 용왕, 대동강 용왕, 한강 용왕, 낙동강 용왕도 있다. 심지어 강 없는 산골 마을에서 샘물을 지키는 용왕도 있다.

왜 이렇게 많은 신이 필요했을까? 그것은 신이 다만 이야기 속에 박제된 인물이 아니라 삶 속에서 사람들과 함께 숨 쉬는 생명체였기 때문이다. 이를테면 어느 마을에 가뭄이 들어 샘물이 말라붙었다 치자. 사람들은 당장 샘물을 솟아나게 해 달라고 빌 대상이 필요하다. 그러려면 이 세상 모든 물을 관장하는 어마어마한 신보다는 그 마을 샘물만을 다스리는 이웃집 할아버지 같은 신이 있어야 했던 것이다.

산신령도 마찬가지다. 이 세상 산을 모두 다스리는 신이 하나만 있어서는 재미가 없다. 그러면 권위는 높아질지 몰라도 친근감이나 구체성은 사라지고 만다. 한마을에 사는 백성들에게는 그 마을 뒷산을 따로 지켜 주는 산신령이 필요했다. 그러다 보니 신마다 독특한 개성을 갖는 일도 생겼다. 예를 들면 본디 서울 가까이에 있던 지리산이 지금 자리로 옮아간 것은, 그 산을 지키는 신령님이 입바른 소리를 하다가 임금 눈 밖에 나서 귀양 간 까닭이라는 얘기가 있다. 말하자면 지리산 신령님은 '반체제 신'이었다는 얘기다.

마을마다 골골마다 신화가 있게 된 내력이 이러하다. 신만 있고 신화는 없거나, 신화가 있더라도 아주 짧고 불완전한 꼴로 전해지는 경우도 있긴 하다. 하지만 이렇게 조그마하고 아기자기하고 친근한 이야기들이 우리 신화에 큰 흐름을 이루었고, 그것이 또한 우리 신화만의 개성이 되었다.

우리는 이것으로 옛사람들이 신을 어떤 존재로 보았는지, 또 신화를 어떻게 즐겼는지 대강 짐작할 수 있다. 그 옛날 그리스 로마 사람들은 신들이 이 세상을 움직인다고 생각했던 것 같다. 사람들 마음속에 생기는 사랑과 미움까지도 신들이 주관한다고 믿었을 것이다. 그래서 신을 추상 관념을 지배하거나 거대한 자연물을 주관하는 초월자로 그렸다.

그런데 우리 조상들은 언제나 사람을 중심에 놓고 생각했다. 신은 자연을 주관하지만 사람 마음까지 지배하지는 못한다고 여겼다. 따라서 자질구

레한 사람의 일상이 신화 소재가 되었으며, 신들은 그렇게 저마다 다른 삶에 저마다 다른 모습으로 나오게 되었다. 우리 신들이 사람 손길이 미치는 일상 속 사물들에 깃들게 된 내력이 이러하다. 다시 말해 우리 신화는 사람의 삶 속에서 태어나 그 삶과 함께 전승되어 온 것이다.

이러하다 보니 많은 사람들이 맨 처음 우리 말신화를 대하고는 몹시 어리둥절해한다. '이런 것도 신화가 될 수 있나?' 하는 의심 때문이다. 처음부터 신들이 중심이 되어 큰일을 벌이는 게 아니라, 사람들만 나와서 자질구레한 사람 이야기만 하니까 말이다. 신 이야기라야 끝에 가서 누가 신으로 들어섰네 하고 말 뿐이다. 게다가 가끔 신이 나와도 보잘것없는 물건에나 깃들어 있고, 신성보다는 인간성을 더 많이 가진 데다 권위는 없고 약점은 많으니 그럴 만도 하다.

하지만 이게 우리 신화다. 우리 신화를 두고 "이런 것도 신화가 될 수 있나?" 묻는 것은 우리 눈이 여태 서양 신화에 너무 길들여졌기 때문이다. 서양 신화에 익은 눈으로 보면 그렇게 보이는 게 당연하다. 우리가 우리 신화를 곁에 두고 남의 나라 신화만 받아들인 나머지, 남의 것을 당연하고 익숙하게 여기며 우리 것을 낯설어하는 현실을 어떻게 봐야 할까? 다시 한번 우리 말신화에 관심을 가져야 할 필요를 절실히 느낀다.

오늘, 여기에서 우리 신화 되살리기

글신화도 물론 소중하고 값어치 큰 문화유산이다. 하지만 그것을 우리 신화의 전부인 양 여기는 것은 바람직하지 않다. 이제 우리 토속 정서가 무진장으로 녹아 있는 우리 말신화로 눈을 돌릴 때가 되었다.

말신화를 되살리는 길 가운데 하나가 다시쓰기다. 굿노래 꼴로 전해 오는 자료는 길고 어수선하여 읽기 어려우므로 어떻게든 다듬어야 하기 때문이다. 하지만 이 일은 생각보다 어렵고 까다로운 작업이다. 한 작가의 상상력에 모든 것을 기대는 지은이야기와 달리 말신화는 오랜 세월에 걸쳐 수많은 사람들이 함께 만든 창작물이다. 따라서 거기에는 겨레의 땀내와 숨결이 배어 있다. 자칫 잘못 쓰기라도 하는 날에는 이야기 주인인 옛사람들과 이야기를 온전하게 들을 권리가 있는 오늘날 독자들에게 겹으로 죄를 짓는 꼴이 될 터이다.

그러나 어렵다고 해서 그만두거나 대충 해도 좋은 일은 아니다. 입으로 전해 온 말신화를 글로 다듬어 내는 일을 지금까지 좀 소홀히 다뤄 온 것은 사실이다. 요새 아이들이 서양 신화에 열광하는 현실에 문제가 있다면, 그 문제는 아이들이 만들어 낸 것이 아니다. 옛날과 오늘을 이어 주는 고리가 끊어질 때 아이들은 정체성에 혼란을 느낄 것이며, 이는 어른들이 그 고리를 제대로 이어 주지 못했다는 뜻이다. 이래서 우리 말신화를 제대로 되살려 아이들에게 전해 주는 일은 옛이야기를 사랑하는 작가들이 반드시 져야만 하는 짐이라고 할 수 있다.

또 학부모와 교사, 그리고 어린이 문화에 얽힌 일을 하는 모든 사람들도 이 문제에 관심을 가져야 한다. 학부모와 교사는 가정과 학교에서 전승의 맥을 잇는 일을, 출판인을 비롯한 문화 일꾼들은 좋은 매체에 우리 신화를 담아내어 퍼뜨리는 일을 마다지 않아야 한다. 우리 말신화를 글뿐 아니라 더 많은 매체로 폭넓게 가공하려면 많은 사람들이 공감하고 힘을 보태야 한다.

다행히 많은 학자들이 노력한 덕분에 지금까지 받아써 놓은 자료는 넉넉한 편이므로, 이제 이 일이 성공하느냐 마느냐는 사람들 관심과 의지에 달렸다. "우리 민간신화가 가지고 있는 가능성이 발견된 만큼, 그들에 대한 부름은 더욱 본격화될 것"이며 그 길을 위해서는 "이야기책이든 소설이든 애니메이션이든 영화든, 무엇이든 거침이 있을 리 없다"(신동흔,《살아 있는 우리 신화》305쪽)는 말에 고개를 끄덕이는 속내가 이러하다.

옥황상제(천지왕) 이승과 저승, 하늘 세상과 땅 세상을 통틀어 으뜸가는 신으로서 하늘 옥황궁에 살면서 신과 사람을 다스린다. 바지왕과 혼인하여 아들 대별왕과 소별왕 형제를 낳았다.

바지왕 땅 세상 지국성 슬기부인 백주할머니 외동딸로 태어나 천지왕의 아내가 되었다. 땅 세상을 다스리는 신이지만 사람들 앞에 나타나는 일은 없다.

대별왕 옥황상제 맏아들로서 저승을 다스리는 저승신이다. 본디 이승신이었으나 아우 소별왕의 꾐에 빠져 이승과 저승을 맞바꾸었다. 저승 시왕의 윗자리에서 그이들을 다스리기도 한다.

소별왕 옥황상제 둘째 아들로서 이승을 다스리는 이승신이다. 이승을 다스린다고는 하지만 사람들과 접촉하는 일은 없다. 이승에 싸움 좋아하는 사람, 잘 속이는 사람, 남의 것을 빼앗는 사람, 까닭 없이 남을 해코지하는 사람이 남아 있게 된 것은 소별왕의 능력이 대별왕보다 못하기 때문이다.

염라대왕 저승시왕 가운데 우두머리가 되는 신이다. 검은 비단 용포 입고 검은 면류관을 쓰고, 죽은 사람을 불러서 죄와 업을 묻고 심판한다. 성질이 급하고 사납지만 도량이 넓고 인자한 구석도 있다.

저승시왕 저승을 다스리는 열 왕을 가리키는 말이다. 염라대왕이 그 가운데 우두머리가 되고, 나머지 아홉 왕은 셋씩 무리지을 수 있다. 복의 신 노가단풍자지명왕의 아들 초공 삼형제가 그 셋이요, 동정국 범을임금의 아들 삼형제가 그 다음 셋이요, 무조신 바리데기의 아들 삼형제가 나머지 셋이다. 죽은 사람을 심판하는 일을 한다.

저승차사 죽은 사람을 저승에 데려가는 신으로, 저승시왕의 심부름꾼이다. 저승차사는 여럿이 있는 것으로 알려져 있지만, 이승에 죽은 사람을 데리러 올 때는 보통 세 차사가 함께 오는데, 저승차사 해원맥과 이승차사 이덕춘과 염라차사 강림도령이 이야기에 가장 자주 나온다. 이들을 보통 저승 삼차사라 한다.

옥황선녀 옥황상제가 사는 하늘 옥황궁 선녀를 두루 가리키는 말이지만, 주인공 격이 되는 이는 오늘이라는 여자아이다. 오늘이는 부모를 찾아 원천강을 다녀오면서 온갖 모험을 한다.

군웅신 군대가 싸움에서 이기고 지는 일을 주관하는 신이다. 천황제석과 지황부인 사이에서 태어난 거인 왕장군과 그 세 아들이 군웅신이 된다.

용왕 바다를 다스리는 신으로, 바람을 일으키고 비를 내리며 천둥번개를 몰고 다닌다. 이야기 속에 곧잘 나오는 주인공은 동해 용왕과 서해 용왕이다.

오구신 죽은 사람을 저승길로 이끌어 주는 신으로서, 삼나라 오구대왕 일곱째 딸 바리데기가 그 주인공이다. 언월도와 삼지창, 방울과 부채를 들고 앞장서서 죽은 사람 영혼을 인도하므로 무당의 시조로 떠받들기도 한다. 옥황궁 문지기 동수자와 혼인하여 아들 삼형제를 낳았다.

저승길신 저승길을 지키는 신이다. 비리공덕 할머니 할아버지가 버려진 바리데기를 주워다 기른 공덕으로 이 신이 되어 노제를 받아먹는다.

노가단풍자지명왕 복의 신으로서 사람에게 복을 점지해 준다. 사람이 날 때부터 복을 타고나는 것은 노가단풍자지명왕 덕이다.

서천꽃밭 꽃감관 서천에 있는 너른 꽃밭에는 사람 운명을 좌우하는 갖가지

꽃이 피어 있다. 처음에 꽃밭을 만든 신은 삼신으로, 태어날 아기의 운명을 알아보려고 꽃을 심었다. 그러다가 꽃밭에 함부로 들어가는 이가 많아지니 꽃을 지키는 신을 마련하였는데, 이 신이 곧 꽃감관이다. 사라도령이 맨 처음 꽃감관이 되었고, 아들 할락궁이가 뒤를 이었다.

세경신 농사를 주관하는 농신의 딴 이름이다. 상세경은 큰 농신으로 옥황궁 문관 문곡성 아들 문도령이 맡았고, 중세경은 작은 농신으로 주년국 오로대감 외동딸 자청비가 맡았다. 하세경은 자청비네 집 종의 아들 정수남이 차지했는데 이는 목축신이다. 이 세 농신은 모두 같은 날 같은 시에 태어났다.

운명신 사람이 살고 죽는 것, 잘 살고 못 사는 것이 다 운명신이 마련해 준 운명에 달린 것이다. 강이영성이서불과 구에궁전녀설궁의 셋째 딸 감은장아기가 운명신이 된다.

마마신 아이들에게 마마(천연두)를 앓게 해 주는 신을 말한다. 본디 강남 대한국에 살았으며 그 수는 모두 쉰셋이다. 누구든지 마음을 바르게 쓰고 손님 대접 잘하면 손님네가 마마를 주되 가볍게 앓고 쉬이 낫게 하고, 나쁜 마음을 먹고 손님한테 버릇없이 굴면 손님네가 모진 마마를 주어 심하게 앓고 곰보가 되거나 죽게 한다.

일월신 옥황궁 선비 궁상이와 땅 세상의 아리따운 처녀 해당금이 우여곡절 끝에 해와 달의 신으로 좌정한다. 이 둘은 사이가 아주 좋아 한시도 떨어지지 않으므로, 처음에는 해와 달이 언제나 함께 다녔다. 옥황상제가 둘을 밤낮으로 갈라놓았는데, 그 뒤로도 서로를 못 잊어 가끔 몰래 만나기도 한다. 낮달이 뜨는 것이 바로 이 때문이다.

수명신 저승차사 대접을 잘해서 서른일곱 수명을 삼천일곱으로 늘이고, 그

뒤로도 꾀를 써서 사만 살이나 살았다는 사만이가 옥황상제 분부로 수명
신이 된다. 처음에는 사만이의 조화로 착한 사람 수명은 길고 나쁜 사람
수명은 짧았는데, 사람이 점점 많아지면서 수명도 들쭉날쭉하게 되었다.

액막이신 지장신은 살아생전 고생을 너무 많이 한 탓에 죽은 뒤에도 온몸
에 병이 들어 안 아픈 곳이 없다. 새가 되어 집집마다 날아다니는데, 이
새가 들면 집안 식구들이 병에 걸리지만, 지성으로 빌면 병도 낫고 액도
막아 주는 착한 신이다.

병막이신 아기가 아프면 병막이신 거북이와 남생이에게 빌어야 한다. 이들
신은 소경, 앉은뱅이, 곱사등이로 살다가 부처님 도움으로 성한 몸이 되
었으므로 아픈 사람 처지를 누구보다 잘 헤아린다. 그래서 이 신에게 빌
기만 하면, 드는 병은 막아 주고 이미 든 병은 낫게 해 준다.

칠성님과 옥녀부인 각각 천일성과 태일성으로 뭇별들을 다스리는 별의 신이
다. 아들 일곱 형제는 북두칠성이 되어 사람의 길흉화복을 주관한다.

내일 장상 내일과 장상은 오늘선녀의 주선으로 혼인하여 평생을 적선하면
서 살다가 옥황상제 명으로 활인적선의 신이 된다. 어려운 처지에 빠진
사람이 어쩌다가 복을 받아 잘 살게 되는 것은 다 내일 장상의 조화다. 내
일은 매일이라고도 한다.

쇠철이 쇠도령과 너사매 너도령 악기의 신이다. 쇠도령은 쇠북과 요령처럼 쇠
로 만든 악기를 다루고, 너도령은 북과 장구처럼 나무로 만든 악기를 다
룬다.

객귀 죽어서 저승에 들지 못하고 이리저리 떠돌아다니는 귀신으로, 그 수
가 많지만 주인공 격이 되는 이는 사마장자다.

저승 고지기 저승에는 사람마다 곳간이 하나씩 있는데, 살아생전 남에게 은혜를

베풀 때마다 재물이 쌓인다. 이 곳간을 지키는 고지기는 우마장자다.

성주신 집지킴이신 가운데 으뜸가는 신이다. 천하궁 천대목신과 지하궁 지
탈부인 사이에서 태어난 황우양이 성주신이 되었다.

지신 집터를 지키는 신으로 성주신 황우양의 부인이 맡았다. 성주신이 흔
들리면 지신이 도와 집안을 편안하게 한다.

조왕신 조왕할머니라고도 하며 부엌을 지킨다. 남선비의 본부인인 여산부
인이 첩실 노일자대 손에 죽어 오랫동안 추운 연못 속에 있었던 까닭에,
옥황상제가 따뜻한 부엌을 지키는 신으로 들어서게 해 주었다.

문왕신 문을 지키는 가신이다. 남선비와 여산부인 사이에서 태어난 일곱
아들 중 일곱째 아들 녹두생이가 앞문을 지키고 여섯째 아들이 뒷문을
지킨다. 주로 푸른 옷 입은 사내아이 모습으로 나타난다.

터주신 집터를 주관하는 오방신의 다른 이름이다. 동쪽은 청제장군, 서쪽
은 백제장군, 남쪽은 적제장군, 북쪽은 흑제장군, 가운데는 황제장군이
지킨다. 남선비와 여산부인 사이에서 태어난 일곱 아들 중 위로 다섯이
이 신으로 들어섰다.

삼신 보통 삼신할멈이라고 하며, 아기가 태어나는 것을 주관하는 신이다.
옛날 명진국 천왕보살 지왕보살 딸은 이승의 삼신이 되어 산 아기를 낳
아 기르고, 동해 용왕 딸은 저승의 삼신이 되어 죽은 아기 영혼을 맡아 길
렀다. 본디 삼신은 이 둘이었으나 시녀들이 점점 많아지면서 집집마다
이들을 내보내 삼신으로 들어서게 했다. 남색 저고리에 흰 바지 입고 자
주색 치마에 분홍 장옷 걸치고, 한 손에 은가위 들고 한 손에 참실을 든
할머니 모습으로 나타난다.

측신 남선비를 꾀어 재물을 빼앗고 눈까지 멀게 한 노일자대가 뒷간 문설

주에 머리를 부딪혀 죽은 인연으로 뒷간을 지키는 측신이 된다. 측신은 측대부인이라고도 하며, 조왕신과는 상극이므로 뒷간은 부엌과 마주 보게 짓지 않는 풍습이 생겼다.

말명신 말명신은 조상신을 돌보고 지키며 심판하는 일을 한다. 조상에게 제사를 지내면 반드시 말명신도 함께 와서 받아먹는다. 도랑선비와 개울각시의 눈물겨운 사랑이 이 신들의 탄생 배경이 된다.

그 밖의 집지킴이신들 마부왕은 마구간과 외양간을 지키는 신이고, 업왕신은 곳간의 재물을 지키는 신이며, 철융신은 장독간을 지키는 신이다. 업왕신은 종종 구렁이 모습으로 나타나고, 철융신은 검은 탈을 쓴 노인 모습으로 나타난다.

서정오, 《우리가 정말 알아야 할 우리 신화》 10~15쪽

말신화의 서사성과 민중성

말신화 다시쓰기에 대한 관심

요새 들어 우리 말신화에 대한 관심이 높아진 것은 바람직하고 다행스러운 일이다. 어찌 보면 당연하고 자연스러운 흐름이기도 하다. 날이 갈수록 서양 문화가 우리 삶과 정신의 뿌리까지 스며드는 현실에서 신화조차 남의 것에 마냥 매달려 있을 수는 없다.

우리에게도 남부럽지 않은 신화 밑천이 있다는 사실이 이러한 관심을 더 키우고 있다. 우리 신화의 곳간을 채우는 자산은 거의가 말로 전한 무속 신화다. 그렇다면 이쯤에서 우리는 스스로 물어보지 않을 수 없다. 이렇게 넉넉한 밑천이 있는데도 왜 우리는 아이들에게 우리 신화를 제대로 공급해 주지 못하고 있는가? 어떻게 하면 말신화를 매력 있는 이야기로 가공하여 아이들에게 줄 수 있을까? 말신화 다시쓰기에 대한 관심은 이러한 물음에서 출발한다.

마침 요새 많은 학자들이 이 문제에 관심을 가지고 여러 가지 논평을 내놓아 무척 반갑다. 이러한 논평들은 깊이가 있을 뿐 아니라 작가들이 미처 살피지 못했거나 무심코 지나쳐 버린 대목까지 조목조목 짚어 주어 큰 도움을 준다. 그런데 그 주장 가운데는 고개를 갸우뚱하게 되는 것도 없지 않다. 이를테면 말신화에는 서사성 말고도 중요한 요소가 있는데 바로 굿판에서 보이는 현장성이며, 이것을 빼거나 약하게 해서 말신화를 다시쓰거나 고쳐쓰는 것은 무리라는 주장이다. 신화는 굿판에서 전승되었기 때문에 굿의 현장성과 생동감을 실어야 제대로 된 이야기를 만들 수 있다는 것인데 과연 그럴까?

또 한 가지, 신화는 민담이나 전설과 성격이 다르므로 아주 다른 방식으로 접근해야 한다는 주장도 있다. 신화는 민중의 삶과 꿈을 담은 이야기라기보다 우주와 인간 존재에 대한 근본 물음에 나름의 답을 상징으로 보여주는 이야기라는 것이다. 그러니 신화를 다시쓸 때도 마땅히 그런 것을 제대로 살려야 한다고 말한다. 신화에는 민담이나 전설과는 다른, 좀 더 깊은 뿌리를 따지는 생각이 들어 있다는 데 공감한다. 그렇지만 한 가지 의문은 떨칠 수 없다. 그렇다면 신화는 민중의 삶이나 꿈과는 상관없다는 말인가?

다음 글은 대체로 이 두 가지, 말신화의 서사성과 민중성에 대한 생각을 밝히고자 쓰는 것이다. 말신화를 포함하여 옛이야기 다시쓰기와 고쳐쓰기는 매우 중요하고도 까다로운 작업인데, 지금까지 진지한 탐색과 논의가 모자랐다는 반성 또한 바탕에 깔려 있다.

말신화의 서사성

잘 알다시피 말신화는 거의가 무속 신화며, 이는 굿판에서 굿노래에 실려 전승되어 왔다. 또 처음부터 굿판에서 생겨나 굿의 한 대목으로 자리 잡았다. 이것만으로 본다면 굿이 신화를 품는 그릇임에는 틀림없다. 따라서 굿을 버리고 신화를 이야기하지 말라는 말에는 어느 정도 받아들일 만한 구석이 있다.

그러나 이것은 학자의 시각일지언정 작가의 시각은 될 수 없다. 학자들, 그 가운데서도 민속학자들은 굿의 현장성을 중히 여길 수밖에 없고, 따라서 신화를 굿이라는 큰 판에 들어 있는 한 대목으로 본다고 해서 조금도 이상할 것이 없다. 하지만 이 신화를 가공하여 독자들에게 퍼 날라야 하는 작가는 다르다. 작가들에게 굿의 현장성은 그다지 큰 관심거리가 될 수 없다. 오로지 굿노래 안에 담긴 '이야기'가 중요한 것이다. 이것을 다음과 같이 견주어 말해 보겠다.

어느 마을에 굿판이 벌어졌다. 온 마을 사람들이 굿 구경을 하러 나섰다. 그 가운데는 무당이 불러낸 신의 권능에 관심을 기울이는 사람도 있고, 무당의 춤과 노래 솜씨에 마음을 빼앗기는 사람도 있다. 하지만 집에 돌아가 아이들에게 들려줄 이야깃거리를 마련해야 하는 할머니에게 중요한 것은 다만 굿노래 속에 담긴 이야기다. 이때 굿노래는 비록 겉으로는 노래지만, 그리고 질펀한 굿판의 한 대목에 지나지 않지만 이 할머니에게는 어디까지나 이야기요, 그것이 관심의 전부다. 실제로 집에 돌아가 손자 손녀들에게 이야기를 들려줄 때, 할머니와 아이들은 오로지 주인공이 모험을 하고 위기를 이겨 내는 줄거리에 마음을 빼앗길 뿐, 굿판의 신명이나 무당의 익살 같은 현장성에 관심을 기울일 리 없다.

오늘날 우리 신화를 다시써서 아이들에게 주고자 하는 작가들 처지를 이 할머니에 견주어 말하는 것이 억지라고 생각하지 않는다.

또한 같은 말문학 자료라도 노래나 놀이에 견주어 이야기는 현장성에 그다지 크게 영향받지 않는다. 민속자료를 있는 그대로 보존하려고 하는 학자들과 달리, 옛이야기를 다시쓰거나 고쳐쓰는 작가는 현장에서 이야기를 들을 때도 판 분위기나 구연자 개성 같은 데 그다지 관심을 기울이지 않는 것이 보통이다. 작가는 오로지 이야기 줄거리에 관심을 갖는데, 이는 부주의나 소홀함이라기보다 자연스럽고 당연한 것이다.

이것은 옳고 그름이나 중하고 헐함 문제가 아니라 관심 영역 문제다. 예를 들어 굿판에서 어떤 무당이 춤을 잘 추면 춤꾼 마음을 끌 것이고 노래를 잘 부른다면 노래패한테 관심을 받을 것이다. 작두를 잘 타고 경을 잘 외면 다른 무당 눈길을 사로잡을 것이고 기이한 행동으로 영검함을 보이면 물주 믿음을 한 몸에 받을 것이다. 이야기꾼이 굿노래를 듣고 이야기 줄거리에 마음을 빼앗기는 것도 같은 이치다.

잘 알다시피 무속 신화는 강한 제의성을 지닌다. 굿노래가 신의 내력이나 행적을 사설로 풀어 내는 까닭은 권능에 기대어 무언가를 빌기 위해서다. 그러나 이 제의성은 굿판에서만 효력이 있다. 굿판을 떠난 신화는 이제더는 무언가를 빌기 위해 이야기되지 않는다. 말 그대로 다만 이야기로서거기에 있을 뿐이다. 이렇듯 이야기일 뿐인 신화에 자꾸만 제의성의 옷을입힐 필요가 있을까?

현장성도 마찬가지다. 굿판은 살아있는 곳이요, 많은 이의 숨결이 요동치는 곳이다. 그래서 갖가지 몸짓과 노래와 사설이 다 나온다. 무당의 춤과노래는 구경꾼들 반응에 따라 신명이 더해지기도 하고 풀이 죽기도 한다. 이렇듯 생생한 분위기는 굿판에서 분명한 매력이다. 하지만 신화를 이야기로 전할 때는 문제가 다르다. 이야기로 거듭나는 순간 분위기 따위는 군더더기가 된다. 몇 가지 보기를 들어 보겠다.

(가) 나라로 나라로 공심은 절이옵고 절은 남서가 본이로소이다. 천님이 알으소사 칩떠집소와 삼십삼천 나리집소와 이십팔수, 팔대장군 남옹무옹이 진이요 성이외다. 국으로 진이어서도 강남은 대한국 해동은 조선국 이씨주상 금마마님 본으로 가서는 함경도 영흥 단천이 본으로 성이외다. 치어다 백제일은 산이 천도하고 나려다 유재일은 죽은 이 천도하고 홍모란 홍산주요 백모란 백산주요 잔잔한 촛불 향내 일배주 곡성으로 희망하시는 날이로 성이외다.

배경제본 '바리공주', 《한국의 신화》 서대석, 221~222쪽

(나) 님아 님아 무정한 님아, 나를 버리고 어디로 갔나. 하룻밤에 정들여 놓고 나를 버리고 어디로 갔소. 포도주가 단 줄만 알았지 취하는 것은 내 몰랐네. 님아 님아 야속한 님아, 천 리라도 따라가고 만 리라도 가지. 가는 곳이나 알콰 주오. 가다가 가다가 애 말라 죽으면 혼백이라도 따라가지. 나를 버리고 가신 님은 오 리도 못 가서 발병 나오.

김석출본 '당금애기본풀이', 《한국서사무가연구》 홍태한, 171쪽

(다) 요 새가 들어서 풍운조화를 불러 주더군. 요 새를 쫓자, 주워라 훨쭉 다 쫓아가는군. 주워라 훨쭉 훨쭉 훨짱 시켜 가면서. 이 지장은 누가 일으킨 지장인고. 본주지관 나이는 몇 살? 일으킨 지장 지장 만보살 신 풀었습니다. 갑을동방 오는 액년 경진서방 병오남방 해자북방 오는 액년 다 막아 주소서. 날로 날액 달로 달액 월액 시액 다 막아 주소서.

안사인본 '지장본풀이', 《제주도무가》 현용준 외, 192~195쪽

(가)는 굿에서 신의 내력을 풀기 전에 여러 가지 사설로 분위기를 돋우는 대목이다. 굿이 베풀어지는 곳도 말하고 무당 이름도 아뢰고 영검함도 내비치며 큰 의미 없는 사설이 이어진다. (나)는 본풀이에서 좌중 반응을 이끌어 내려고 붙인 노래다. 당금애기가 저를 두고 도망간 스님을 애타게 부르는 것인데, 마치 판소리 사설 한 대목처럼 애처롭다. 그러나 이 또한 이야기 줄거리에는 아무런 영향을 미치지 않는다. (다)는 무당이 신의 내력 푸는 일을 끝내고 축원하는 말로서, 굿하는 집 액을 막아 달라고 비는 것이다. 이미 이야기는 끝났으니 이런 대목도 줄거리와는 상관이 없다.

셋 다 굿판에서는 없어서 안 될 중요한 사설이지만 이야기로 만들 때는 의미 없는 대목이다. 다시 말해 제의성이나 현장성은 강하지만 서사성은 없거나 약하다. 신화를 이야기로 거듭나게 하고 싶은 이야기꾼이라면 누구나 이 대목을 걷어 내고자 할 것이다. 없어도 될 뿐 아니라 넣어 두면 오히려 이야기가 어수선해지기 때문이다. 이것은 명백히 제의성 또는 현장성을 지우는 일이지만, 신화의 맛을 떨어뜨린다고 볼 수는 없다.

그리스 신화의 경우, 처음에는 누구나 짐작하듯이 제의 가운데 한 대목으로 태어났다. 무언가를 빌고자 신들에게 제사를 지내던 사람들이, 바로 그 신들을 위해 이야기를 만든 것이다. 그러니 탄생 배경은 우리 굿노래와 크게 다를 것이 없다. 그런데 그 뒤 오랜 세월 동안 시인, 작가, 철학자, 예술가, 광대 같은 수많은 사람들이 제사와 상관없는 자리에서 신화를 다듬어 재미난 이야기로 가공하고 그것을 삶 속에 녹여 냈다. "그리스 신화의 이러한 특징은 헬레니즘 시대 이후 로마 시대를 거치면서 문학 예술 작품 속에서 반복되는 과정을 통해 빛을 발하고, 그로부터 또다시 르네상스 이후 수많은 문학 예술 작품을 통해 확대 재생산되는 반복을 통해 문화의 원

동력이 되어 (줄임) 처음에는 신앙의 색채가 강해 다신교 체제로 자리 잡았던 올림포스의 신들은 시간이 지남에 따라 신앙의 대상으로부터 후퇴하여 이성과 신앙의 중간 지대에 자리 잡게 되었다."(이진성, 《그리스 신화의 이해》 45~46쪽)

이렇게 다듬어지는 과정에서 제의성은 사라지고 서사성은 튼튼해져 처음 모습에서 크게 바뀌었다. 이제는 어느 누구도 그리스 신화를 신들에게 바치는 제사의 한 대목이라고 생각하지 않는다. 흥미진진한 이야기로 받아들일 뿐이다. 만약에 그리스 사람들이 자기 나라 신화를 언제까지나 종교와 의식의 테두리 안에 가두어 놓으려고만 했다면 결코 오늘날처럼 재미있는 이야기로 다듬어지지 못했을 터이다. 또한 온 세상 사람들에게 사랑받는 이야기가 되지도 못했으리라.

말신화가 굿노래에 실려 전해진 것은 다만 상황에 따른 일이지 필연은 아니었다. 다시 말해 신화가 본디부터 노래의 성질을 가지고 태어난 것은 아니라는 뜻이다. 그리스 신화의 초기 모습이라 할 수 있는 '일리아드'와 '오디세이'도 서사시라는 노래 꼴로 후세에 전해졌지만, 그 뒤 많은 작가들은 이것을 노래로 두지 않고 온전한 이야기로 되살려 냈다. 신화(myth)의 어원인 그리스 말 '미토스'가 곧 '이야기'를 가리킨다는 점을 굳이 내세우지 않더라도, 신화는 어디까지나 이야기며 이야기의 성질(서사성)을 앞세우지 않고서는 제대로 가공할 수 없는 것이다.

말신화의 민중성

옛이야기를 비롯한 말문학은 모두가 땀 흘려 일하는 백성들이 만들고 퍼뜨리고 사랑한 문학이다. 견주어 말하자면 양반들이 여가 놀음으로 유유자적 글문학을 즐기는 동안, 백성들은 땀내 나는 삶의 현장에서 온몸으로 말문학을 껴안고 살아왔다. 힘주어 말하건대, 우리 옛이야기는 이 민중성이 목숨이라고 말해도 지나치지 않을 만큼 크게 스며들어 있다. 신화, 전설, 민담을 통틀어서 그렇다.

옛이야기를 신화, 전설, 민담으로 나눈 것은 누구일까? 옛 백성들이 아니라 오늘날 학자들이다. 학자들이 연구하기 편하게 신성성이라든가 증거물 따위를 기준으로 나눈 것이 바로 이 삼분법이다. 옛날에는 신화와 전설을 이야기한 사람이나 민담을 즐긴 사람이나 다 같은 백성들이었다. 따라서 말신화도 당연히 백성들 것이고, 그 안에는 백성들 보편의 삶과 꿈이 들어 있게 마련이다. 글신화의 경우, 글자로 굳어지는 과정에서 기록을 맡은 양반사대부 생각이 알게 모르게 스며들었다는 것을 짐작할 수 있지만, 말신화에까지 그런 혐의를 둘 수는 없다.

이것이 신화를 민담이나 전설에 견주어 특별히 다른 것으로 보는 눈길에 동의하기 어려운 까닭이다. 신화든 전설이든 민담이든 다 같은 옛이야기요, 모두 백성들 것이다.

무속 신화가 주로 굿판에서 전승되었다는 까닭을 들어 민중성이 약하다고 말할 수도 있겠다. 동네 사랑방이나 빨래터에서 자연스럽게 전승된 것이 아니라 굿이라는 특정한 시간과 공간 안에서 구전되었으니 말이다. 이 생각이 아주 틀렸다고 말하지는 않겠다. 민담과 전설이 백성들 사이에서 시공간에 매이지 않고 전해 온 데 견주면 확실히 그렇다. 그러나 굿은 무당만을 위해 베풀어지는 것이 아니며, 몇몇 특수한 사람만을 위한 것도 아니다. 땀 흘려 일하며 살아온 백성들이 어려움에 부닥쳤을 때 기대는 의식이 바로 굿이다. 유교 사회 양반사대부들 눈에는 하찮은 미신으로 비쳤을지 모르지만, 백성들에게는 자기 아픔과 눈물을 씻어 줄 구원의 마당이었다. 그 판에서 펼쳐지는 신화는, 바로 민중이 마지막으로 기댈 언덕인 토박이 신에 관한 이야기였다. 이것이 민중의 꿈과 희망이 아니고 무엇이란 말인가.

신화 속 인물이나 배경, 사건에서도 어렵지 않게 민중성을 읽을 수 있다. 이를테면 소별왕 대별왕 이야기에서 천지왕 아내가 되는 총명부인은 손님 한테 밥 한 끼 대접할 쌀도 없는 가난한 집 딸이다. 반면에 그이에게 쌀을 꾸어 주는 수명장자는 보기 드문 욕심쟁이에다 심술쟁이다. 할락궁이 신화 에서 주인공 원강아미를 괴롭히는 악인 또한 재물을 주체 못 하는 부자 영 감이다. 두 이야기 모두 가난한 사람 편에 서서 부자를 용납하지 않는 것은 민중 보편 정서에 충실했기 때문이다. 다른 신화에서도 주인공이 부와 권 세의 횡포에 시달리면서 갖은 고생을 하다가 신으로 들어선다는 줄거리를 발견하기란 그리 어렵지 않다. 이 또한 억눌려 살아가는 백성들 한과 꿈을 품은 이야기가 아니고 무엇이겠는가.

신화가 민담에 견주어 시공간과 소재 폭이 넓고 틀거지가 크며 주제가 무거운 것은 사실이지만, 가난한 백성들 삶과 꿈을 담아냈다는 점에서는 조금도 다를 바 없다. 굿판에서 무당이 노래에 실어 풀어 내던 신화를, 구 경꾼인 백성들이 집 안으로 옮겨 이야기하는 경우 민중성은 더 두터워진 다. 이를 두고 '어느 정도 민담화된 신화' 쯤으로 보는 데는 무리가 없겠지 만, 굿판을 떠났으므로 이미 신화가 아니라고 본다면 그것은 지나친 시각 이다. 그러한 나눔법이 신화 연구와 분석에는 도움이 될지 모르나 신화를 다시쓰거나 고쳐쓰는 일에는 그다지 쓸모 있어 보이지 않는다.

옛이야기는 어느 것이나 가난하게 억눌리며 살아가던 백성들 삶을 바탕에 깔고 그이들 꿈을 담아낸 그릇이었다. 따라서 민중성을 외면하고 옛이야기를 말할 수는 없다. 신화라고 해서 예외가 될 수는 없음은 물론이다.

옛이야기 슬기롭게 이어받기

옛이야기를 오늘날에 이어받는 길은 여러 가지가 있다. 가장 앞서야 할 것은 이야기를 말로 전하는 일이다. 어른이 아이에게, 또는 어른끼리 아이끼리 서로 이야기를 들려주고 듣는 일은 옛이야기를 이어받는 첫걸음이다. 이것은 사라져 가는 이야기 문화를 되살린다는 점에서도 뜻이 있고, 끊어져 가는 전승의 흐름을 잇는다는 점에서도 값어치 있다.

하지만 그것으로 옛이야기 이어받는 일이 모두 끝나지는 않는다. 오늘날은 옛날과 달리 글이 말만큼 널리 퍼져 있기 때문에, 이야기를 글로 전하는 일도 그에 못지않게 중요하다. 옛이야기를 글에 담아 전하는 방식은 크게 보아 두 가지가 있다. 옛이야기를 알맞게 다듬어 쓰는 일이 그 하나요, 지은이야기를 쓸 때 옛이야기 장점을 살려서 쓰는 일이 그 둘이다. 앞엣것이 옛이야기 자체를 살리는 일이라면 뒤엣것은 옛이야기를 창작에 응용하는 일이다.

이 장에서는 옛이야기를 글로 쓰는 일을 중심으로 슬기롭게 이어받는 길을 살펴보려고 한다. 옛이야기에는 미덕 또는 매력이라 할 만한 것이 많지만 더러는 흠결로 보이는 것도 있는데, 그런 대목도 함께 이야기해 볼 것이다. 주로 글 쓰는 사람들이 관심을 가질 문제지만 여느 사람들에게도 흥미 있는 얘깃거리가 되리라 본다. 어른들이 아이들에게 이야기를 들려줄 때 참고할 수도 있고, 좋은 옛이야기 책을 고르려는 사람들이 기준을 마련하는 데도 도움이 될 것이다.

옛이야기 다시쓰기의 길 찾기

옛이야기 다시쓰기, 왜 중요한가?

오늘날처럼 메마른 세상에서 옛이야기는 우리가 본디 누렸던 푸근하고 넉넉한 이야기 문화를 되살리는 불씨가 된다. 가정에서 학교에서 장터에서 옛날처럼 구수한 이야기판이 다시 벌어질 수만 있다면 우리 사는 세상도 한결 훈훈해질 테고, 그렇게만 된다면 우리 아이들이 정서의 허기를 느끼는 일도 없을 테니 말이다.

또 우리 옛이야기는 무엇보다도 이 땅 아이들에게 자기 모습을 왜곡 없이 보여 주는 거울 구실을 한다. 아이들을 둘러싼 모든 문화 환경이 아무리 서양 쪽으로 치달아도, 옛이야기만은 겨레 정서를 온전히 간직하고 있기 때문이다. 다시 말해 옛이야기는 우리 정체성을 찾는 마지막 문이요, 길이라 할 만하다.

요즈음 아이들이 겨우 글자를 깨칠 무렵부터 온통 서양 옛이야기에 파묻혀 서양 정서에 길들어 가는 현실을 어떻게 받아들여야 할까? 남의 나라 옛이야기가 아무리 훌륭하다고 해도, 거기에 우리 아이들을 맡겨 둔 채 팔짱만 끼고 있을 수는 없는 노릇이다. 아이들이 자기가 누구인지도 모른 채 살아간다는 것은 크나큰 비극일 테니까. 이래서 우리 옛이야기를 찾아내고 제대로 다듬어 아이들에게 전해 주는 일은 오늘날 이 땅 모든 어른들이 짊어진 짐이다.

그러나 이렇듯 소중한 옛이야기라고 해서, 그 모두를 아무런 비판이나 가공 없이 그대로 받아들여 전하는 것은 결코 슬기로운 일이 아니다. 옛이야기는 본디 입에서 입으로 전해 오면서 공동체의 삶과 생각을 온전하게 담아 왔지만, 오늘날 우리들이 받아들이기 어려운 편견이 섞여 들어간 경우도 있기 때문이다. 충효와 정절 같은 전통 유교 이념을 강요하는 이야기나, 편견과 차별을 거들고 부추기는 이야기들이 바로 그것이다. 이런 이야기는 알맞게 걸러 내거나 다듬는 과정을 거치지 않으면 오히려 독이 될 수도 있다.

옛이야기를 이어받아 전할 때, 말로 들려주는 일 못지않게 중요한 것이 글로 다시쓰거나 고쳐쓰는 일이다. 옛날과 달리 요즈음에는 많은 옛이야기들이 책에 실려 글로 전해지며, 그것을 자료 삼아 이야기를 들려주는 이들도 많기 때문이다. 이제까지는 말로 전한 이야기가 중요한 전승 자료였지만, 이제 글로 가공한 이야기가 전승에 바탕이 될 날도 머지않았다. 따라서 오늘날 옛이야기를 글로 다듬어 쓰는 작가들은 그에 걸맞은 사명감과 책임감을 가져야 한다.

옛이야기는 구전되면서 수많은 각편을 낳으므로 변형이 일어나는 것은 당연하지만, 고갱이가 되는 생각까지 다치거나 허무는 일은 없어야 한다. 건강한 전승을 위해서라도, 작가는 모름지기 이야기의 벼리와 곁가지를 잘 가려 알맞게 다듬을 필요가 있다. 받아쓴 각편을 보존하는 데만 매달려 다듬는 일을 지나치게 겁내는 것도, 고갱이를 건드리면서까지 취향에 따라 마구잡이로 고쳐쓰는 것도 피해야 한다. 이 둘을 알맞게 어우르는 것이 슬기로운 작가가 할 일이다.

옛이야기를 신화, 전설, 민담으로 나누어 보면 지금까지 민담 분야는 다시쓰기와 고쳐쓰기에서 많은 성과가 있었다. 그러나 신화와 전설 분야는 아직 새로 일구어야 할 구석이 많다. 그 가운데서도 우리 신화 발굴과 정리, 가공과 보급은 더 늦출 수 없는 급한 과제로 떠오르고 있다. 전설 또한 녹음테이프나 연구 논문에 자료로 가둬 둘 것이 아니라 아이들에게 사랑받을 만한 이야기로 되살릴 때가 되었다. 여러 가지 글 모양새로 책에 담아 전한 옛이야기도, 이제 연구자들 책상 서랍 속에서 꺼내 재미난 이야기로 다듬어 세상에 내보내야 한다.

옛이야기 다시쓰기에 얽힌 말 가다듬기

그동안 옛이야기 다시쓰기에 관련하여 쓰는 말이 사람마다 달라서 혼란이 컸다. 옛이야기를 가리키는 말만 해도 '전래동화' 뿐 아니라 '전래설화' '구전설화' '구비설화' '구전동화' '전승동화' '민담동화' 들이 있었고, 갈래 나눔과 관련해서는 '문학적 전래동화'나 '창작 전래동화' 같은 말도 쓰였다. 이렇게 말이 여러 가지로 쓰인 까닭은 연구자들이 목적에 따라 말뜻을 조금씩 다르게 매겼거나, 외국 말을 우리 말로 옮기면서 새로운 말을 만들었기 때문이다.

또 다시쓰기, 고쳐쓰기, 새로쓰기와 비슷한 뜻으로 쓰인 '재화, 재창작,

창작'이라는 말도 뜻매김이 분명하지 않아서 가끔 오해를 불러일으키곤 했다. 옛이야기가 워낙 많은 분야를 끼고 있어서 어쩔 수 없는 구석도 있지만, 어린이 문학 쪽에서라도 말을 좀 가다듬어 써야 할 것 같다.

먼저 '전래동화'라는 말에 대해서 생각해 본다. 정교하게 뜻을 매기려면 한도 끝도 없겠지만, 대강 '아이들에게 주는 옛이야기'라는 뜻으로 쓰는 것은 거의 합의에 이른 듯하다. 그런데 이걸 그냥 '옛이야기'라고 하면 안 되는가? '전래동화'가 일본식 한자 말이라서가 아니다. 이른바 학술 용어 가운데는 일본식 한자 말이 하도 많아서, 그걸 다 문제 삼으려면 아예 말을 못할 지경이니 말이다. 하지만 구태여 그걸 옛이야기라는 토박이말 대신 써야 하는 까닭을 알 수 없다. 혹시 옛이야기라는 말이 너무 뜻이 넓어 헷갈릴 수 있다고 생각한다면, 전래동화라는 말도 매한가지라는 점을 헤아려 주기 바란다. 전래동화는 '말로 전한 옛이야기'뿐 아니라 '글로 다시쓴 옛이야기' 또는 '고쳐쓴 옛이야기'라는 뜻으로도 쓰이니 옛이야기보다 좁은 뜻을 가졌다고 보기도 어렵다.

말로 전한 옛이야기와 글로 다시쓴 옛이야기를 뚜렷이 나눌 목적으로 옛이야기와 전래동화라는 말을 가려 쓰고자 한다면, 이는 초점이 조금 어긋났다. 전래동화가 옛이야기에 견주어 뜻이 뚜렷이 드러나는 대목은 대상을 아이들로 규정했다는 것이지, 글문학이라는 것이 아니다. 글로 썼다는 것을 분명히 하려면 '다시쓴 옛이야기' 정도로 충분하지 않을까. 이 경우에는 '글 옛이야기'라는 이름도 선보인 바 있는데(김환희, 《옛이야기의 발견》 42쪽), 일리 있는 제안이라 본다.

어른 문학과 어린이 문학을 뚜렷이 나누려는 뜻에서 '설화'에 맞서는 말로 '전래동화'를 내세운 것(건국대학교 동화와번역연구소, 《동화와 설화》 47

쪽)은 언뜻 그럴듯해 보인다. 그런데 옛이야기가 생겨나서 전해 온 과정을 보면, 처음부터 아이들에게 들려주려고 만들어서 내처 아이들한테만 들려줘 온 이야기는 드물다. 이야기판은 어른 아이를 가리지 않았고, 그렇게 어른 아이 모두 즐긴 이야기에 굳이 '동화'라는 이름을 붙일 까닭은 없기 때문이다. 어린이 문학 갈래라고 해서 굳이 어른 문학 갈래와 다른 말을 써야 하는지도 의문이다.

이래저래 전래동화라는 말은 아무래도 뜻이 좀 애매하고 어수선하다. 나는 이미 오래전에 동화를 '이야기'로, 전래동화를 '옛이야기'로, 창작동화를 '지은이야기'로 바꿔 쓸 것(서정오, 《옛이야기 들려주기》 고침판, 24쪽)을 주장한 바 있는데, 다시 한번 제안한다. 이야기작가가 글로 쓴 옛이야기를 말로 전한 옛이야기와 구별하려면 '글(로 쓴) 옛이야기'라고 하거나 더 잘게 나누어 '다시쓴 옛이야기, 고쳐쓴 옛이야기, 새로쓴 옛이야기'라고 하면 될 것이다. 또 어른 문학과 말문학에서 다루는 갈래말과 구별하려면, 이미 '이야기'나 '설화'라는 말이 있으니 문제없다고 본다. 말문학에서 말전승(구비전승)을 말, 이야기, 노래, 놀이 네 갈래로 나누고, 이야기를 다시 신화, 전설, 민담으로 나눈 것은 낯선 이론이 아니다.(조동일, 《구비문학의 세계》 22~37쪽)

'전래동화'를 버리고 '옛이야기'를 써야 하는 또 한 가지 까닭은(사실 이것이 가장 중요한 까닭이 되겠는데) 문학 갈래나 거기에 얽힌 말을 다듬을 때는 어디까지나 소비자인 독자 눈으로 보는 일이 매우 중요하다는 것이다. 독자에게 쉽고 편한 말이 가장 좋은 말 아닐까. 생산자와 소비자가 다른 어린이 문학의 경우, 어른인 작가나 연구자 편의에 따라 쓰는 말은 아이인 독자에게 낯설고 불편할 수 있다. 아이들에게 '옛이야기'보다 더 이해하기 쉬운 말이 있을 것 같지는 않다.

하지만 이렇게 말하고 보아도 '옛이야기' 뜻매김이 뚜렷하지 않아 마음에 걸린다. 어떤 말에나 조금도 어긋남 없이 정교한 뜻을 매기는 일은 애당초 불가능하리라. 그런 점에서 옛이야기를 "설화 가운데 어린이까지도 위할 수 있는 설화"(이지호, 《옛이야기와 어린이 문학》 40쪽)로 규정하거나, "구전 민담과 그 전통을 이어받거나 변용해서 쓴 모든 옛이야기를 포괄하는"(김환희, 앞 책, 42쪽) 뜻으로 쓰자는 제안은 지지할 만하다. 다만 여기서 '구전민담'은 '말이야기(구전설화)'로 그 뜻을 넓히는 게 좋을 것 같다.

다음으로 '재화, 재창작, 창작'이라는 말에 대해서 생각해 본다. 이 또한 일본에서 쓰는 말을 그대로 가져다 쓰는 것인데, 우리 말이 아니어서 낯설 뿐 아니라 말뜻이 뚜렷하지 않아서 갈피를 잡을 수 없을 때도 있다. 대체로 옛이야기를 글로 쓸 때 '줄거리는 그대로 두고 다만 재미있게 읽히도록 쓰는 것'을 재화, '얘기를 다시 짜거나 새로운 각도에서 창작하는 것'을 재창작, '옛이야기에 나오는 소재와 분위기만을 빌려 창작하는 것'을 창작이라 하는데,(이오덕, 《어린이를 지키는 문학》 33~34쪽) 이 나눔법을 지키면서 말과 뜻을 좀 가다듬어야 할 것 같다.

먼저 '재화'는 '다시쓰기'로 바꿨으면 좋겠다. '재화'는 더러 '이야기 글로 쓰기'와 함께 '다시 이야기하기'라는 뜻으로 쓰이기도 하는데, 다시쓰기라고 하면 이런 혼란은 피할 수 있다. 그리고 '재창작'은 이야기를 새로 지어내는 일이 아니므로 그냥 '고쳐쓰기'라고 했으면 좋겠다. 그리고 '창작' 같은 말은 쓰임에 따라서 모순을 불러오기도 한다. 이미 '창작동화'라는 말이 있으니 '전래동화 창작' 또는 '창작 전래동화'라고 했을 때 뜻이 서로 부딪치는 것을 피할 수 없다. 따라서 이것은 '옛이야기 새로쓰기' 또는 '새로쓴 옛이야기'라고 하면 좋을 것이다.

옛이야기를 글로 옮기는 모습을 좀 더 생각해 보면, 이들 말고도 다른 꼴이 더 있음을 알게 된다. 위 세 가지가 다 '독자에게 읽히는 것을 전제로 쓴 이야기' 또는 '문학 작품으로 완성한 이야기'라는 뜻을 품고 있다면, 다만 자료를 얻고자 글로 남기는 일도 생각할 수 있다. 먼저 이야기를 들으며 녹음한 것을 그대로 갈무리하는 '받아쓰기'를 들 수 있는데, 이것은 '채록'이라는 말 대신 쓸 수 있을 것이다. 또 이야기를 들을 때 미처 그 자리에서 받아쓰지 못하고 나중에 기억을 되살려 쓰는 것은 '떠올려쓰기'라고 하면 되겠다. 이것은 이미 쓰는 '기재'라는 말 대신 쓸 수 있다.(다음 쪽 표 참고)

말뜻을 빈틈없이 매기고 언제나 틀림이 없게 쓴다는 건 어려운 일이다. 그러나 여러 사람이 쓰는 말이 때마다 곳마다 다르다면 혼란을 피할 수 없게 되니, 느슨하게라도 합의한 말을 쓸 필요는 있다. 마치 '불그스름한 색'이라는 말이 주황색이나 분홍색을 가리킬 수는 있어도 노란색이나 초록색을 가리켜서는 안 되는 것처럼.

〔참고〕옛이야기를 글로 옮기는 모습

글로 쓴 모습	받아쓰기 (채록)	떠올려쓰기 (기재)	다시쓰기 (재화)	고쳐쓰기 (재창작)	새로쓰기 (창작)
쓰는 목적	말로 전해 온 이야기를 갈무리하려고 쓴다.		여러 사람에게 읽히려고 쓴다.		
글의 성격	말문학(또는 민속학) 자료		완성된 글문학 작품		
글의 갈래	어른 문학		어린이 문학		
쓰는 방법	말로 하는 이야기를 본모습 그대로 글로 옮긴다. 틀린 말이나 동작, 표정까지 그대로 갈무리한다.	기억에 기대어 쓰지만, 들은 내용을 되도록 변형 없이 그대로 옮긴다.	읽기 쉽게 말을 다듬고 손질한다. 화소 일부를 빼거나 바꾸거나 보탤 수 있지만, 기본 줄거리와 주제는 다치지 않는다.	줄거리 상당 부분을 고쳐 쓴다. 중요한 화소가 빠지거나 달라지고 새 화소가 들어갈 수 있다. 주제가 바뀔 수 있다.	소재와 분위기만 빌려서 아주 새로운 이야기를 지어낸다.
글쓴이 창작 의지와 영향	전혀 없다.	거의 없다.	조금 있다.	꽤 있다.	매우 많다.
본이 되는 이야기에서 달라지는 정도	전혀 달라지지 않는다.	의도한 변형은 없다.	조금 달라진다.	크게 달라진다.	본이 아예 없거나, 있다 해도 새 작품에 큰 영향을 주지 않는다.

옛이야기 다시 쓸 때 지킬 것과 바꿀 것

옛이야기 다시쓰기에 대한 오해와 편견

요새 들어 옛이야기에 대한 관심이 부쩍 높아졌다. 옛이야기의 값어치를 새삼스럽게 깨달았다는 얘기가 여기저기서 들리는가 하면 옛이야기 책 출판도 더 활발해진 듯하다. 그와 함께 옛이야기 다시쓰기에 대한 관심도 전에 없이 높아지고 있다. 어린이 문학 작가뿐 아니라 어른 문학 작가와 말문학 연구자들까지 옛이야기 다시쓰기에 관심을 기울이는 모습을 보니 반갑다.

그런데 아직도 많은 사람들은 옛이야기를 다시쓰거나 고쳐쓰는 일을 가볍게 보고 있지나 않은지? 옛이야기 자체를 예술성이 떨어지는 '하층 문학' 또는 '변두리 문학'쯤으로 보고 이를 다시쓰는 일도 시답잖게 여기거나, 다시쓰기를 창작에 견주어 격이 떨어지는 것으로 낮추어 보지는 않는지? 없는 이야기를 새로 지어내는 일은 아무나 할 수 없지만, 이미 있는 옛이야기를 손질하는 일쯤이야 글재주만 조금 있으면 누가 못하랴 생각하는 건 아닌지 모르겠다.

과연 옛이야기 다시쓰기는 작가들 '여가 놀음'쯤으로 여겨도 좋을 만큼 대수롭지 않은 일인가? 글재주만 조금 있으면 별 고민 없이 아무나 가볍게 손댈 수 있는 일인가? 결코 그렇지 않다는 것이 내 생각이다.

옛이야기는 오래전부터 이 땅에 살아온 수많은 백성들이 입에서 입으로 전하며 함께 만든 것이다. 그래서 거기에는 그이들 삶과 꿈과 눈길이 그대로 들어 있다. 몇몇 사람 것이 아니라 수많은 사람들 삶과 생각이, 오랜 전승 과정에서 서로 겹치는 곳만 살아남아 전해진 것이다. 옛이야기를 다시 쓴다는 것은 이것을 온전하게 되살리는 일인데, 어찌 가볍게 볼 것인가.

게다가 옛이야기를 다시쓰는 일은 단순한 전달을 넘어 창조의 성격이 짙다. 무슨 말인고 하니, 말로 전하는 이야기를 글로 옮길 때 작가 영향력이 생각보다 크다는 뜻이다. 같은 옛이야기라도 다시쓰는 작가 능력과 생각에 따라 아주 다른 모습이 될 수도 있으니 말이다. 옛이야기가 오랜 세월 동안 전해 오면서, 전승에 참여한 사람들이 크건 작건 창작에도 참여했다는 점을 생각하면 이는 아주 당연하고 자연스러운 일이다. 옛이야기를 다시쓰는 작가도 여느 전승자들처럼 이야기를 어느 정도 바꾸거나 지어내게 될 텐데, 도구가 말이 아니라 글이기 때문에 영향력이 일반 전승자보다 훨씬 크다.

따라서 작가가 옛이야기를 잘 모르거나 잘못 보고 쓸 경우 아주 나쁜 결과가 생길 수도 있다. 함부로 손을 대다가는 자칫 이야기 주인인 옛사람들 뜻을 허물거나 뒤집어서 전달하게 될지도 모르기 때문이다. 그렇게까지는 안 되더라도 옛이야기가 본디 가지고 있던 맛이나 멋을 크게 떨어뜨리는 잘못은 쉽게 저지를 수 있다. 옛이야기가 본디 말문학이기 때문에, 글로 옮긴다는 것 자체가 이미 어느 정도 '본모습 허물기'의 약점을 안고 있다는 점도 잊어서는 안 된다. 그런 뜻에서 "옛이야기가 말의 문학에서 글의 문학으로 이행되면서 옛이야기의 현재성과 어린이 문학성이 훼손되기 시작하였다"(이지호, 앞 책, 6쪽)는 지적은 일리 있다.

이래서 옛이야기 다시쓰기는 여간 중요한 일이 아니며, 또한 여간 신중하게 할 일이 아니다. 작가는 무엇보다도 이야기를 만든 백성들 뜻을 바르고 정확하게 헤아리는 안목이 있어야 하고, 이야기가 생긴 배경이나 전승 과정도 이해해야 한다. 또 여러 각편을 견주어 쌀과 뉘를 가려내는 눈도 있어야 하고, 이야기 맛을 결정짓는 말맛에 대한 감각도 갖추어야 한다. 이것만으로도 옛이야기 다시쓰기를 가볍게 볼 수는 없지 않겠는가.

지킬 것인가, 바꿀 것인가

두말할 나위도 없이, 옛이야기는 조상들이 남긴 소중한 말문학 유산이다. 이것을 이어받아 갈무리하는 일은 후손으로서 기꺼이 져야 할 짐이다. 다시쓸 때에도 본모습을 잘 살리는 데 힘써야 하고, 부질없이 함부로 고치거나 새로 지어내거나 하는 일은 삼가야 한다. 손질할 때는 고갱이를 다치지 않게 조심할 일이다. 옛날 백성들 숨결이 녹아들어 있으니 이를 지키는 것은 마땅하고 중요하다. 그래서 "옛이야기를 아무 주견도 없이 함부로 살을 붙이고 깎고" "귀중한 문학 유산을 작가들의 경솔한 붓끝으로 왜곡시키고 못쓰게 버려지도록 한다면 이보다 큰 잘못이 어디 있겠는가"(이오덕, 앞 책, 34쪽) 하고 신중한 다시쓰기를 거푸 강조하는 것은 당연하다.

그렇지만 우리 생각이 여기에 마냥 머물러서는 안 된다. 오로지 지키기에만 매달렸을 때 생길 수 있는 문제도 만만찮기 때문이다. 먼저, 어렵게 받아써서 갈무리한 자료를 제대로 다듬지 못해서 독자들에게 외면당하는 문제를 생각해 볼 수 있다. 이것은 민담보다 신화나 전설에서 보기를 쉽게 찾을 수 있는데, 그 가운데서도 우리 말신화의 경우 말로 전해 온 이야기에 견주어 글로 다시쓴 이야기는 턱없이 빈약하다. 받아쓴 자료도 말로 전한 이야기만큼 넉넉하다고는 할 수 없지만, 그래도 꽤 많은 양을 말문학자나 민속학자들이 거두어 갈무리해 놓았다. 그런데 여태 이것을 간직하고 연구하는 데만 힘을 썼지, 독자들이 즐길 만한 이야기로 가공해서 내놓는 일에는 소홀했던 것이다.

따지고 보면 이것은 어린이 문학 작가들과 비평가들 책임이 크다. 학자들은 구전신화를 연구하기 위해 자료를 거두어 보존하는 것으로 충분히 할 일을 다 했다. 그것을 이야기로 다듬어 내놓는 일은 작가들 몫이요, 그렇게 가공된 이야기를 놓고 값어치를 따지는 일은 비평가들 몫이다. 어쨌든 이야기 자료를 본모습대로 지키는 일에만 매달려 고치고 다듬는 일을 지나치게 꺼리거나 소홀히 하다 보면 이야기가 독자 대중과 점점 멀어지는 결과를 낳을 수 있다.

전설의 경우에도 다시쓴 이야기가 그리 넉넉한 편은 아니다. 전설은 치열한 현실 의식에 바탕을 둔 비장미가 두드러지게 나타나는데, 이 때문에 민담이 지닌 유쾌함 또는 발랄함과는 아주 다른 분위기가 있다. 이 슬프고도 장엄한 아름다움이 '전설의 고향' 으로 대표되는 기괴함, 비일상성 같은 얕은 재미에 묻혀 버린 채 절름발이 꼴로 전해지고 있는 것이 우리 현실이다. 이는 전설을 다시쓸 때 겉으로 드러난 화소에 매달렸을 뿐, 이야기를 제대로 다듬어 완성도를 높이는 데 소홀했기 때문이다.

또 한 가지, 옛이야기에는 우리가 마땅히 이어받아야 할 소중한 알맹이만 들어 있지는 않다. 드물기는 하지만 경계하고 물리쳐야 할 흠집이나 헌데도 함께 들어 있다. 옛날부터 전해 왔다는 까닭만으로 이야기 속 약점까지 그대로 전해서는 안 될 것이다. 흠결은 마땅히 걸러 내고 손질해야 할 터인데, 여기서 문제가 되는 것은 옛이야기를 보는 눈이다. 곧 무엇을 벼로 보고 무엇을 흠집으로 볼까 하는 것이다. 이는 오로지 작가의 안목과 양식에 기댈 수밖에 없다. 따라서 옛이야기를 고쳐쓸 때 "작가가 확고한 역사의식을 갖고 있어야" 하며 "봉건적 교훈성에 대한 비판적 견해가 오늘날의 역사를 정당하게 파악한 철학적 바탕 위에 서 있어야만"(이오덕, 같은 책, 34쪽) 한다는 지적은 귀 기울일 만하다.

옛이야기는 마땅히 보존해야 한다. 그렇지만 오로지 지키기만 해서는 안 된다. 알맞은 손질도 필요하다. 그렇다면 서로 부딪치는 이 문제를 어떻게 풀 것인가. 어디서부터 어디까지를 굳건히 지키고, 어디서부터 어디까지를 바꾸고 손질할 것인가. 이제부터 이 문제를 생각해 보기로 한다.

눈여겨보아야 할 민중성

옛이야기는 오랜 세월 입에서 입으로 전해 오면서 몇 가지 독특한 성격을 얻게 되는데, 그 가운데 하나가 민중성이다. 이것은 옛이야기가 가진 여러 성격 가운데 으뜸가는 고갱이가 된다. 옛이야기가 애당초 민중 속에서 만들어지고 퍼져 나갔으므로 그 주인인 백성들 삶과 생각이 자연스럽게 녹아들어 가는 것은 당연하다. 그리고 구전 과정에서 백성들 정서와 거리가 먼 것은 저절로 전승력을 잃고 사라졌으리라는 짐작도 쉽게 해 볼 수 있다.

그런데 많은 사람들이 옛이야기가 가진 민중성을 인정하면서도 그것이 실제 어떤 모습으로 이야기 속에 나타나는지 뚜렷이 밝히지 못했다. 그도 그럴 것이, 우리가 민중이라 일컫는 집단도 그 성격이 뚜렷하지 않고, 사람마다 삶과 생각이 다른 만큼 각양각색의 이야기가 생겨나 전해지고 있으니 말이다. 이를 두고 어찌 한두 마디로 그 성격을 밝힐 수 있으랴.

그래서 지금까지 옛이야기에 나타난 민중성 또는 민중 의식이라는 것도 그저 "주인공은 모두가 일하면서 살아가는 민중이고, 모든 이야기는 민중의 생활에서 우러난 것"(이오덕, 같은 책, 22쪽)이라든지 "민중의 생활 경험, 의식 가치관 등을 반영하며 지배층에 대한 비판과 항거를 나타내는" 것이며 "낡은 권위나 경화된 관념을 파괴하고 삶의 진실된 모습을 보여 주는 것"(장덕순 외,《구비문학개설》8쪽) 또는 "민중들의 삶과 경험과 세계에 대한 해석, 그리고 그들의 꿈과 희망의 소산"이며 그것은 전승 과정에서 "어떤 측면에서든 이야기를 향유하는 민중들의 공감을 자아낼 수 있어야 한다"(서대석 외,《한국인의 삶과 구비문학》50쪽)는 정도로 느슨하게 설명해 왔다.

하지만 옛이야기를 다시쓰는 작가에게 이 정도 뜻매김은 충분하지 않다. '옛이야기를 다시쓸 때 민중성이 소중하니 다치지 말아야 한다'는 것까지만 확인하고, 그럼 그 소중한 민중성이 대체 어떤 것이냐는 물음에 속 시원한 대답을 들을 수 없다면 답답한 노릇이다. 민중성의 실체는 무엇인가? 정답을 내기 힘든 질문이지만, 많은 옛이야기를 두루 살펴볼 때 대강 다음 같은 성격이 나타나는 것은 틀림없다.

첫째는 약자 편들기다. 주인공은 언제나 이름 없는 약자이며, 이야기는 철저하게 약자 편에서 진행된다. 겨룸틀을 가진 이야기라면, 착한 약자인 주인공은 반드시 나쁜 강자인 상대와 겨루어 이기면서 끝난다. 강자는 권력과 재물 같은 힘을 가지고 있지만, 그 힘을 믿고 나쁜 짓을 일삼거나 탐욕을 부리다가 끝내 약자의 슬기로움에 무릎을 꿇거나 스스로 무너진다. 그렇지 않으면 제 꾀에 제가 넘어가서 실패하기도 한다. 요컨대 옛이야기는 철저하게 약자의 눈으로 세상을 보는 것이다.

둘째는 인습과 도덕의 굴레 벗어던지기다. 옛이야기는 사람의 삶을 옭아매는 답답한 관습을 부정하고 깨뜨리려 한다. 또 제아무리 그럴듯하게 포장한 윤리 도덕이라도 사람의 삶에 실제로 보탬이 될 때만 값어치가 있다는 생각을 내비친다. 이를테면 도둑질이라 할지라도 그것이 배고픈 사람을 구하는 일이라면 옳을 수 있고, 삼강오륜이라 할지라도 그것이 사람의 삶을 옭죄는 것이라면 그를 수 있다는 것이다. 이것은 이야기를 만든 백성들이 현실 세상을 아주 날카롭게 꿰뚫어 보고 있었다는 증거다.

셋째는 현실 바로 비추기와 뒤집기다. 옛이야기는 때때로 현실을 한 치 부풀림이나 뒤틀림 없이 똑바로 비추어 보이면서 삶의 고달픔을 드러내지만, 그보다 더 자주 현실을 거꾸로 뒤집어 버리면서 통쾌한 앙갚음을 꾀한다. 이를테면 옛이야기 속 가난한 머슴은 날마다 주인에게 구박만 받는 천덕꾸러기로 아무리 애를 써도 가난을 면치 못하는데, 이것은 현실을 바로 비추는 것이다. 그러나 꿈 한 자리 꾸고 나서는 임금 딸을 아내로 맞고 끝내 임금이 되기도 하는데 이것은 필연성도 당위성도 없는, 그야말로 현실을 송두리째 뒤집어 버린 것이다. 이는 백성들 삶과 꿈을 정직하게 드러내는 장치다. 여기서 삶은 현실이요, 꿈은 욕망이다.

넷째는 권세와 힘에 대한 시원스런 풍자다. 옛이야기 속에서 권력자나 부자, 또는 힘센 장사가 대개 놀림과 비웃음을 당하는 것은 결코 우연이 아니다. 백성들이 보기에 힘과 재물은 부당하게 얻어진 것이 많고, 정당하지 않은 권위는 조롱받아 마땅하기 때문이다. 여기서 한 가지 눈여겨볼 점이 있다. 남의 허물을 꼬집고 놀리면 다 풍자인가? 아니다. 드물게는 바보나 장애인 같은 약자를 놀리는 이야기도 있는데, 이는 풍자라 하기 어렵다. 풍자는 약자가 강자의 잘못을 나무라되 바로 대들지 않고 에둘러 한 방 놓아서 웃음을 자아내는 것을 말한다. 강자가 약자의 허물을 들추어 비아냥대는 것은 풍자가 아니라 모욕이다.

다섯째는 거침없는 해학이다. 백성들은 스스로 허물을 경계하거나 서로를 깨우칠 때도 정색하기보다는 웃음에 버무리기를 즐겼지만, 삶의 고달픔을 한바탕 잠깐 잊고자 할 때도 웃음을 동원했다. 우스운 이야기는 일상에 지친 백성들에게 좋은 위안거리였다. 풍자와 달리 해학은 이야기 속에 꼬집히는 사람이 없거나 꼬집혀도 아프지 않다. 해학은 가벼운 만큼 알맹이가 없지만 그것이 결코 약점으로 보이지 않는다.

이러한 민중성은 백성들 삶에서 우러나온 것이므로 매우 소중하며, 옛이야기를 다시쓸 때도 이것을 다치지 않도록 조심해야 한다. 그 옛날 백성들은 어떤 마음으로 이런 이야기를 만들고 퍼뜨렸을까? 작가는 모름지기 이런 의문을 잠시라도 놓쳐서는 안 된다. 만약 이것을 놓치면 아주 엉뚱한 방향으로 이야기를 몰고 갈 수도 있다.

예컨대 서양에서 들어온 옛이야기 이론 가운데 정밀한 분석심리학을 동원한 것이 있는데, 이런 이론에 지나치게 매달리다 보면 실체인 백성들 삶은 사라져 버리고 헛된 관념만 남게 된다. 이런 이론이 상당히 독특하고 매력 있으며 때때로 옛이야기의 어떤 면을 설명해 준다 하더라도 모든 문제에 해답이 될 수는 없다. 이 가설은 다만 옛이야기를 해석하는 여러 가지

방법 가운데 하나며, 만약 모든 것을 이 틀에 꿰어 맞추려고 한다면 민중성은 가려지고 묻혀서 아예 눈에 띄지도 않게 될 터이다.

보기를 하나 들어 보겠다. 서양 옛이야기 '병 속에서 나온 거인'을 두고 이러한 해석을 해 놓은 책이 있다. 거인은 처음 병 속에 갇혔을 때 누구든지 자기를 구해 주면 소원을 들어주리라 다짐한다. 하지만 아무리 기다려도 구해 주는 사람이 없자 화가 난 나머지 누구든지 자기를 구해 주기만 하면 당장 죽여 버리겠다고 결심한다. 이를 두고 그 책은 "어린이가 버림받은 느낌이 들면서 겪는 감정의 변화와 매우 흡사하다"고 설명한다. 예컨대 아이가 부모한테 자기 방으로 가 꼼짝 말고 있으라는 명령을 받았을 때 처음에는 풀려나면 얼마나 기쁠까 생각하지만 나중에는 화가 나서 부모에게 복수하고 싶어진다며, "호리병 속 지니의 심경이 변하는 과정은 어린이의 심금을 울리는 진실성을 지니고 있는 것"이라 말한다. 그리고 "어린이는 거인이 갇힌 상태에서 좌절하면서 보인 반응들에 서서히 친숙해진다"고 덧붙인다.(브루노 베텔하임, 《옛이야기의 매력 1》 51~52쪽)

이야기를 다시 살펴보자. 불쌍한 어부는 우연히 건져 올린 그물에서 병을 발견하고, 무심코 뚜껑을 여는 바람에 거인을 만난다. 반면에 처음부터 나쁜 짓을 하다가 병에 갇힌 거인은 자기를 풀어 준 어부를 도리어 죽이려 든다. 보통 아이들이라면 둘 중 누구와 자기를 동일시할까? 두말할 것도 없이 어부 쪽이다. 거인처럼 힘세고 무섭고 나쁜 편은 어디까지나 물리쳐야 할 대상이지, 그 심경 변화까지 헤아려야 할 만큼 친근한 우리 편이 될 수 없다. 만약 정신분석의 잣대로 모든 것을 잰다면, 우리 옛이야기 '해와 달이 된 오누이'에 나오는 사나운 호랑이조차 아이들 마음속에 숨은 본능과 욕망의 투사로 풀어 버리지 않을지? 이러한 상징주의에 빠지는 것은 민중성을 놓친다는 점에서도 바람직하지 않다.

그렇다면 민중성이라는 것도 다만 옛이야기를 푸는 여러 가지 기준 가운데 하나가 아닌가? 그렇지는 않다. 민중성은 관념이 아니라 실체이기 때문이다. 민중성은 이야기 속에 숨어 있는 것을 찾아내어 그 뜻을 머리로 짜맞추어야 비로소 나타나는 것이 아니라, 애쓰지 않아도 저절로 눈에 보이는 것이다. 복잡하고 어려운 이론을 동원해야 알게 되는 것이 아니라 누구나 듣기만 하면 쉽게 알 수 있는 것이며, 몇몇 이야기에만 들어 있는 것이 아니라 어떤 이야기에나 들어 있는 것이다. 엄연히 눈에 보이는 보편의 성질, 이것을 버리고 무엇을 지킬 것인가?

다듬기와 허물기, 또는 쌀과 뉘

본디 말로 전한 옛이야기를 글로 다시쓰는 것은 여간 까다로운 일이 아니다. 잘하면 본이 되는 이야기를 다듬어 빛을 낼 수도 있지만, 잘못하면 본디 모습을 비틀고 허물어 못쓰게 만들어 버릴 수도 있다. 옛이야기가 전승 과정에서 많은 각편을 낳으며 살아 움직인다는 점을 생각하면, 작가 손끝에서 이야기가 어느 정도 다른 모습으로 거듭나는 것은 자연스러운 일이다. 그런데 그 '어느 정도 다른 모습'이 과연 믿을 만한 것인가? 다듬기(가공)라고 할 만한 것인가, 아니면 허물기(왜곡)라고 해야 할 것인가? 이것을 판단하는 일은 쉽지 않다.

그 옛날, 이야기를 온전히 말로 전할 때는 이를 판단하는 책임과 권리가 전승 주체인 백성들에게 있었다. 백성들 마음에 들지 않는 것이면 자연히 사라져서 전승이 아예 이루어지지 않았다. 그래서 민중성을 거스른 이야기는 자연스럽게 걸러질 수 있었다. 하지만 오늘날에는 사정이 좀 달라졌다. 백성들이 더는 전승 주체가 되지 못하고, 조금 어색한 방식으로 작가들이 그 구실을 떠맡게 되었다. 옛이야기를 다시쓰는 작가 안목에 따라 이야기가 살아나기도 하고 허물어지기도 하는 셈이다. 그리고 한번 글로 남은 이야기는 예전처럼 자연스럽게 걸러질 수도 없게 되었다.

무엇이 다듬기고 무엇이 허물기인가? 여러 기준이 있을 수 있겠지만, 여기서 마련한 것은 민중성의 잣대다. 거듭 강조하듯이 민중성은 옛이야기가 가진 여러 성격 가운데 고갱이기 때문이다. 민중성을 갖춘 이야기를, 그 성격을 온전히 살리면서 화소나 말투를 손질했다면 다듬기로 봐도 좋지 않을까. 하지만 어떤 방식으로든 민중성을 다치거나 왜곡했다면 허물기라는 혐의를 벗기 어려울 터이다.

이제 실제로 다시쓴 옛이야기를 놓고, 그 속에 든 쌀과 뉘를 찬찬히 가려 볼 것이다. 옛이야기는 초등학교 교과서에서 뽑았다. 교과서 옛이야기는 그 영향력이 다른 것과 견줄 수 없을 만큼 크기 때문이다. 놀랍게도 국정 교과서에 실린 이야기들을 이 땅 거의 모든 아이들이 읽고 배운다. 그것도 여러 번, 밑줄을 그어 가면서까지 읽고 또 읽는다. 당연히 영향력이 클 수밖에 없다. 여기서는 교과서 옛이야기 가운데서도 주로 문제가 있는, 그러니까 허물기라고 여겨지는 글을 두 편 뽑아서 살펴보려 한다. 혹 오해가 있을지도 몰라서 말하는데, 교과서에 실린 옛이야기 대부분은 솜씨 좋게 가공된 것이다.

(가) 옛날 옛적, 어느 고을에 심술궂은 사또가 살았습니다. 그 사또는 무엇이든지 자기가 하고 싶은 대로 하였습니다. 그리고 죄 없는 사람에게 마음대로 벌

을 주기도 하였습니다. 그래서 고을 백성들은 사또를 '심술쟁이 사또' 라고 불렀습니다.

심술궂은 사또 때문에 고생을 많이 하는 사람은 이방이었습니다. 왜냐하면, 이방은 사또를 도와 고을의 살림살이를 맡고 있었기 때문입니다. 이방은 사또가 무슨 엉뚱한 일을 시킬지 몰라 늘 걱정을 하였습니다.

찬바람이 쌩쌩 부는 어느 겨울날, 사또는 갑자기 산딸기가 먹고 싶었습니다. 그래서 이방을 불렀습니다.

"여봐라, 이방. 산딸기를 따 오너라."

이방은 사또의 명령을 듣고 어리둥절하였습니다. 왜냐하면 겨울에는 산딸기가 없기 때문입니다.

그러나 사또는 막무가내로 산딸기를 따 오라고 하였습니다. 이방은 내년 여름에 산딸기를 듬뿍 따다 드리겠다고 대답하였습니다.

"무엇이라고? 지금 당장 산딸기를 따 오지 않으면 큰 벌을 내리겠다."

사또는 다짜고짜로 이방에게 호령을 하였습니다. 사또의 호령을 들은 이방은 어찌할 줄 몰랐습니다.

"허, 이 일을 어찌할꼬?"

이방은 걱정을 하다가 그만 병이 나서 자리에 눕고 말았습니다.

이방에게는 지혜로운 아들이 있었습니다. 아들은 아버지께 무슨 걱정이 있느냐고 여쭈어 보았습니다. 이방은 사또의 이야기를 들려주었습니다.

"이 추운 겨울에 산딸기가 어디 있겠습니까?"

이야기를 듣고 난 아들이 걱정스러운 얼굴로 말하였습니다.

"그러나 산딸기를 따 오지 않으면 큰 벌을 내린다고 하는구나. 어찌하면 좋겠느냐?"

아들은 한참 생각하였습니다. 그리고 아버지의 손을 꼭 잡고 말하였습니다.

"너무 걱정하지 마십시오. 제가 다녀오겠습니다."

그러나 이방은 그저 걱정스럽기만 하였습니다. 아들의 나이가 이제 겨우 열 살이기 때문이었습니다.

이방의 아들은 그길로 사또를 찾아갔습니다. 그리고 얌전히 무릎을 꿇고 사또 앞에 앉았습니다.

"아버지께서 앓아누워 계시기 때문에 제가 대신 왔습니다."

"이방이 아프다고? 음, 꾀병을 부리는구나. 네 아비에게 큰 벌을 내리겠다."

그러나 이방의 아들은 겁먹지 않고 차분하게 말하였습니다.

"아닙니다. 아버지께서는 산딸기를 따러 가셨다가 독사한테 물리셨습니다. 그래서 산딸기를 따 오지 못하셨습니다."

"이 녀석, 한겨울에 독사가 어디 있단 말이냐?"

사또가 어이없다는 듯이 꾸짖었습니다. 이방의 아들은 공손하게 대답하였습니다.

"사또님 말씀이 옳습니다. 겨울에는 독사가 없지요. 마찬가지로 산딸기도 없습니다."

사또는 얼굴을 붉히며 아무 말도 못 하였습니다. 그리고 이방 아들의 공손하고 지혜로운 말을 듣고 자신의 잘못을 뉘우쳤습니다.

'지혜로운 아들', 초등학교 7차 교육 과정 교과서 《읽기 3-1》 64~67쪽

(나) 옛날 군수가 가 가이고 그 골 고을살이를 하는데, 그 밑에 아전이, 어찌 이방이 어찌기 똑똑는지 밉어 죽겠해. 저놈 땜에 꼼짝을 못하겠해. 달리는 기라. 에레기 이놈, 이놈을 좀 욕을 뵈일 기라. 그래 뭐라 쿠는 기 아닐라, 이방을 불러

놓고,

"보래, 딸(딸기)이 묵고 짚은데 가 가이고 딸로 좀 따 가 오이라."

그런께, 지금메이로(처럼) 뭐 아이고 기고 머슥을 못 따지는 기라. 와서 밥을 안 묵고 꿍꿍 들어누운께 그래 뭐라는 기 아이라, 아들이 쪼그만한 기 한 야닯(여덟) 살이나 묵은 기,

"아부지, 와 그라요?"

"아나(아니야), 니 알 끼 없다."

"그런 기 아입니다. 뭣이 그렇습니까?"

그란께,

"아이요. 내한테 일러 주소."

"널로 욕뵐라고 지금 사또께서 오동지 산에 딸 따 오이라 쿤다."

"아, 까딱없습니다. 내가 가 말할 끼요."

그 안날 가드니만 아, 사또로 보고 부르는 기라. 부름서,

"우리 아부지요, 못 옵니다."

"왜 못 오노?"

이란께,

"어제 딸 따로 갔다가 독새(독사)한테 물려 가아 퉁퉁 부어 지금 성이 요로큼 올라옵니다."

군수가 엉겁짐(얼떨결)에 답을 하기로,

"야 이눔의 자슥아, 오동지 설한풍에 독사가 어딨노?"

"아이구, 사또님. 요새 산에 딸이 어딨습디까?"

그란께, 군수, 뭐라 쿠겠소? 딱 말이 같는데. 독새도 없을 끼고 딸도 없을 끼고 이 란께, (줄임) 그래 논께 못 쥑이. 아들이 똑똑해. 그래 그놈을 쥑이 놓으몬 더 큰일

나졌해. 그래 못 쥑인다. 난(뛰어난) 사람은 못 쥑인다.

정상박 외, 〈한국구비문학대계〉 8-1 경남 거제군 편, 365~367쪽

언뜻 보면 두 이야기에 별 차이가 없을지 모른다. 줄거리를 이루는 화소만 놓고 보면 다시쓴 글이 받아쓴 본을 충실히 따르고 있는 듯하다. 그런데 자세히 들여다보면 인물 성격과 행동이 많이 다르다. 이야기 둘을 차근차근 다시 살피며 견주어 보자.

(가)에서 사또는 본디 '무엇이든지 자기가 하고 싶은 대로 하는' 성격이며 어느 날 '갑자기 산딸기가 먹고 싶어서' 이방에게 엉뚱한 명령을 내린다. 아니, 한겨울에 갑자기 산딸기가 먹고 싶어서 그랬다고? 그이는 한겨울에 산딸기가 나지 않는 것도 모르는 철부지란 말인가? 이러한 의문이 가시기도 전에 사또는 또 한 번 우리를 놀라게 한다. 끝에서 이방 아들의 '공손하고 지혜로운' 말을 듣고 얌전하게도 스스로 '자신의 잘못을 뉘우치는' 것이다. 그러고 보니 이 인물은 다만 투정이 좀 심할 뿐 꽤 양식 있는 사람이다. 곧 겨룸틀에 넣어 보면 물리쳐야 할 대상이 아니라 중심인물 가운데 한 사람이 된다.

(나)에서 군수는 똑똑한 이방 때문에 '꼼짝을 못하게' 되자 '욕을 보이려고' 일부러 억지 명령을 내린다. 처음부터 주인공을 위협하는 대상으로 등장하는 것이다. 그렇다면 이 인물은 물리쳐야 할 대상이다. 끝에서도 군수는 이방 아들 똑똑한 걸 보고 '그놈을 죽여 놓으면 더 큰일날 것 같아서' 못 죽이는 것으로 되어 있다. 이렇게 해서 약자인 이방은 자기보다 더 약자인 아들의 꾀 덕택에 강자인 군수를 이기고 목숨을 건진다.

힘으로 억누르려는 상대를 꾀로 물리치는 것은 겨룸틀을 가진 옛이야기

의 본보기라 할 만한데, 여기에 딱 들어맞는 이야기가 되었다. (가)가 겉보기로는 본이 되는 (나)의 줄거리를 충실히 따른 듯하면서도 속내가 이처럼 다른 까닭은, 작가가 민중성에 대한 진지한 탐구 없이 이야기를 다시썼기 때문으로 보인다.

민중성은 이처럼 다시쓸 때 소홀히 다뤄 허물어지기도 하지만, 더러는 이야기 속에 처음부터 민중성을 거스르는 화소가 발견되기도 한다. 예를 들면 강자가 올바르고 너그러운 모습으로, 약자가 교활하고 나쁜 모습으로 그려지는 것 따위다. 그것도 튼튼한 공감의 바탕 없이 억지로 끼워 맞춘 듯 긍정과 부정이 뒤바뀐 모습으로. 이런 이야기는 뭔가 썩 개운찮은 냄새를 풍긴다. 어쩌면 누군가가 특별한 의도로 만들어 퍼뜨린 건 아닌지?

옛이야기 주인이 땀 흘려 일하며 살아온 백성들이고, 따라서 그 안에 들어 있는 민중성이 존중받아야 한다면, 이와 모순을 이루는 반민중성은 마땅히 다시쓸 때 걸러 내거나 바꾸어야 한다. 이에 대한 뚜렷한 주관 없이 다시쓰다 보면 몹시 어색한 이야기가 나올 수도 있다.

(가) 옛날, 어느 산골 마을에 아주 힘이 센 농부가 살고 있었습니다. 어느 날, 그 농부는 힘자랑을 하러 한양으로 길을 떠났습니다. 길을 가다가 다리가 아파서 소나무 아래에서 쉬고 있는데, 말을 탄 선비가 하인을 데리고 오는 것이 보였습니다. 그때 갑자기 어디선가 도적들이 나타나 선비를 에워쌌습니다.

"가지고 있는 것을 몽땅 내놓아라."

"아이구, 우리 나리는 아무것도 가진 게 없습니다. 제발 목숨만 살려 주십시오."

하인이 부들부들 떨면서 빌었습니다. 그러나 선비는 눈 하나 깜빡하지 않고 가만히 있었습니다. 도적들은 칼을 뽑았습니다. 이것을 본 힘센 농부가 소나무

한 그루를 뽑아 들고 달려갔습니다. 도적들은 깜짝 놀라 모두 도망을 쳤습니다.

잠시 후, 선비가 침착한 소리로 말했습니다.

"고맙소. 그런데 만일 당신보다 더 힘이 센 도적이 있었다면 어쩔 뻔했소?"

"무슨 소리요? 나보다 더 힘센 사람은 이 세상에 없소이다."

선비는 빙그레 웃더니 옆에 있던 커다란 바위를 한 손으로 번쩍 들어올렸습니다.

"당신도 이 바위를 들어 보겠소?"

농부는 한 손으로 바위를 들어올리려고 했습니다. 그러나 아무리 힘을 써도 바위는 꿈쩍도 하지 않았습니다. 두 팔로 바위를 안고 얼굴이 벌게지도록 힘을 써 봤지만, 바위는 겨우 들썩할 뿐이었습니다.

'힘센 농부', 초등학교 7차 교육 과정 교과서 《말하기 듣기 3-2》 76쪽

(나) 전에 어는 선부(선비)가 아, 이거 밤중 됐는데 정라아(뒷간에) 가 이제 허리끈을 풀고 소변을 본다고 앉았는데, 뭐이 다풀다풀 불이 노란 기 한 바리 와서 고마 덮칠라 카거던. 왼짝 손일랑 허릿말을 떡 쥐고 오른손으로,

"이거 머, 이런 기 와서 이카노."

카면서 대갈빼기를 다빡 쥐고 마 따아 불끈 누지르고 이래가 인자 소변을 보고. 소변을 어찌 오래 앉아 봤던지, 저런 기 죽어서 뻐떡뻐떡하거던. 들어 보이 인간 한(어지간한) 중송아지만 하더란다. 그래 정랑문 앞에다 떨짓뿌고 그래 바아 둘 와서 아들한테 말을 안 하고 자고, 새벽날 날이 휘뿜 샜거던. 그래 아들로 불러 가지고,

"그 야야, 저 정랑문 앞에 가 봐라."

그래 가 보이, 큰 호랭이가 한 바리 죽어가 있거던. 그래, 그래 이 선부가 생각에

이거 전에 어는 양반도 호랭이가 뭣이 어떻다 카고 힘이 모지래는데 이거 내가 힘이 인간하구나. 내 힘을 안 부리고는 내가 몰라서 호랭이 카는 그기야 내 대갈 빼기 쥐면 강새이 한 바리만침 만만을 쥐고 있이이 죽었는데. 그래 인자 아직을 먹고 나서 '에라, 이놈의 자석 보자. 나카머 힘 더 존 사람 얼매나 있는고' 싶어 힘불림하러 나갔거던.

힘불림하러 인자 어쩌 집에 저 왔더란다. 한낮 다 돼 가지고 인자 가인께 술집 주모가 술 단지를 안고 담배를 푸무 이래 앉았거던. '아이구, 인자 술이나 한잔 먹을, 먹어야겠다' 카고 드가인께, 그래 술로 한잔 먹으미 이래 보인께, 아 이놈 의 자석 이거 여여 곰배팔이 짱채다리 이놈아가 짤숙짤숙 저는 기 한쪽 팔을 몬 씨고, 한쪽 다리를 몬 씨며 쩔룩쩔룩 절미 왼쪽 저씨래이 나무 똥개이를 몽땅몽 땅한 거를 어북 굵다 안 카나. 이놈을 가 오디 국솥을 인자 술국, 이거를 불을 모 두는데 본께, 아 이 성한 발로 요 요래 한쪽 모서리를 밟디 성한 손으로 나무 쪼 록쪼록 째이께네 부석에다 주옇거던. 째이께, 야 저놈마가 저것 곰배팔이 장채 다리 저놈의 자식이 힘은 얼매나 신지 나무 똥개이를 째여서 마 저래 때노 카고, 그래 그놈아 불을 한 부석 모다 놓고 빗자리를 하나 들고 마당을 찔찔한데 저 뒤 로 마당 썰러 나가 뿌거던. '에라 이놈의 자석, 보자, 나도 니러가 한번 째 볼백 에.' 이놈 빌어물 자석 두 번 달라들어 땡기 봐야 머 째지만 하만 어긋지도 안 하 거던. (줄임)

그래 가지고 마 그래 그 선부가, '어뿔상 심불림하러 나가다는 이거 죽겠구 나.' 절마가 인자 말고 그래 하는 기라.

"그런 심 가지골랑 어데 가 심지 자랑하지 마라."

이카더란다. 그거 어떡하다 싶어 마 그래 와 가지고는 이땍 마 마 다시 심불림도 해 보도 안 하고 내 힘 얼매나 되는지 이것도 모린다 안 카나. 모리고, 그 이바구

다 했심다.

최정여, 〈한국구비문학대계〉 7-14 경북 달성군 편, 100~104쪽

이런 이야기는 힘을 믿고 으스대는 사람을 풍자하려고 만든 것이다. 그래서 주인공은 힘을 숨긴 약자여야 하고 상대는 힘자랑하는 강자여야 한다. 그래야 풍자가 제대로 살아난다. 이제 이야기 둘을 찬찬히 견주어 보자.

(가)에서는 누가 봐도 선비가 주인공이다. 농부는 힘자랑하다가 망신당했으므로 이 경우 풍자 대상이 된다. 그런데 아무래도 미심쩍다. 말 타고 하인을 거느린 선비와 농부를 견주어 보면 분명히 농부 쪽이 약자이다. 약자가 강자에게 당하다니 이럴 수 있는가? 게다가 농부가 힘을 쓴 것은 도적에게서 선비를 구하려고 한 일이다. 남을 도운 일이 놀림감이 돼 버렸다. 농부에게 굳이 혐의를 두자면 처음에 힘자랑하러 나섰다는 정도인데, 정작 힘자랑을 보란 듯이 한 것은 선비 쪽이다. 그것도 위험이 다 사라진 상태에서 다만 농부 기를 죽이려고 그랬으니 이것이야말로 풍자 대상이 아닌가. 요컨대 이 이야기에서 농부가 놀림감이 될 만한 어떤 까닭도, 선비가 농부를 놀릴 만한 어떤 까닭도 찾아낼 수 없다.

반면에 (나)에서는 힘자랑하러 나선 이가 강자인 선비고, 그이를 깨우친 숨은 힘장사는 약자인 곰배팔이 절름발이 주막집 머슴이다. 선비는 힘자랑하러 나갔다가 주막집 머슴이 자기보다 몇 배 힘이 센 걸 알고 기가 죽는다. 힘만 믿고 으스대던 강자가 힘을 숨긴 약자에게 망신당하는 모습이 제대로 드러났다. 민중성이 살아 있는 이야기의 전형이라 할 수 있다.

(가)에서는 강자와 약자 자리가 뒤바뀌어 버렸는데, 이처럼 놀림이나 비난 대상이 약자로 설정된 것은 작가가 민중성을 소홀히 여겼거나 반민중성

을 걸러 내지 않고 다시썼기 때문으로 보인다. 이 이야기를 읽는 아이들은 작가가 바란 대로 통쾌해하기보다는 무안하고 불편할 것 같다. 왜냐하면 아이들은 이야기를 들으며 자연스럽게 약자인 농부 편이 될 터인데, 강자에게 무안당한 약자 처지가 되고 보면 불편함만 느끼지 않겠는가.

옛이야기는 분명히 백성들이 만들었고, 따라서 여기에는 백성들 보편의 생각이 들어 있게 마련이다. 백성들은 힘없는 사람들이었고 땀 흘려 일하는 사람들이었으며, 현실의 모순을 한탄하고 그 개조를 꿈꾸는 사람들이었다. 민중성을 이해하는 열쇠가 여기에 있다. 옛이야기를 다시쓸 때는 마땅히 이 성격을 주의 깊게 살펴서 제대로 살려 내야 한다. 그러지 않으면 크건 작건 이야기를 흠집내거나 상하게 할 수 있다.

이제 옛이야기 속 민중성을 지키고 반민중성을 걸어 내거나 바꿔야 하는 까닭이 분명해졌다. 이것은 전승 과정에서 변질된 옛이야기를 본디 자리로 되돌려 놓는 의미도 있다. 그렇게 해서 본디 백성들 것이었던 옛이야기는 다시 제자리로 돌아가, 백성들의 건강한 정서를 옹글게 품은 채 아이들의 읽을거리로 거듭나게 된다.

군말 한마디를 보태자면, 민중성은 다만 옛날부터 이야기에 실려 왔기 때문에 소중한 것만은 아니다. 그것은 옛이야기에 담긴 성질일 뿐 아니라 명백한 미덕이기도 하다. 왜냐하면 그 자체로 아이들에게 즐거움과 감동을 주기 때문이다. 이를테면 약자 편들기, 또는 약자 눈으로 세상 보기는 아이들이 이야기에 빠져들 수 있는 통로가 된다. 아이들은 언제나 자연스럽게 약자에게 친근감과 동정심을 느낀다. 따라서 주인공이 약자일 때 동일시가 쉽게 일어난다. 이 말은 곧 주인공의 눈으로 세상을 보게 된다는 뜻이며 또한 쉽사리 이야기 속에 빠져든다는 뜻이다.

　게다가, 당연한 말이지만 약자 편에서 세상을 보는 것은 건강한 정서를 기르는 데도 도움이 된다. 애당초 공평하지 못해서 저울이 한쪽으로 기울었다면, 반대쪽에 힘을 실어 줘야 그나마 덜 기울어지지 않겠는가. 요컨대 약자 편들기는 평등하고 정의로운 세상으로 가는 첫걸음이다.

옛이야기 속 전근대성 가려내기

옛이야기의 헌데를 어떻게 볼까?

만약에 지은이야기를 재는 잣대로 옛이야기를 잰다면 어떨까? 온통 흠집투성이로 보이지 않을까? 줄거리는 틀에 박힌 데다 인물은 개성이 없고 사건마다 우연이 판을 친다. 앞뒤 짜임은 허술하고 사건은 이것이 저것 같고 저것이 이것 같아 생동감이라곤 없다. 게다가 서술은 앙상하기만 하고 전혀 친절하지도 자상하지도 않다. 이만하면 이야기 전체가 흠결이라 해도 할 말이 없을 것 같다.

하지만, 바로 그래서 옛이야기는 문학성이 없고 값어치가 떨어진다는 주장에 고개를 끄덕이는 이는 많지 않을 것이다. 그렇게 본다면, 왜 이 엉성하기 짝이 없는 이야기가 오랜 세월 동안 그토록 많은 이들한테 사랑을 받아 왔는지 설명할 길이 없기 때문이다. 지은이야기와 옛이야기는 선 자리가 다르고, 그래서 아주 다른 눈으로 보아야 한다는 주장은 이래서 설득력이 있다.

그렇다고 해서 옛이야기는 다 좋은 것인가? 거기에 헌데라 할 만한 곳은 없는가? 여기서는 옛이야기 속에 심심찮게 나타나는 전근대성을 얘깃거리로 삼아 보고자 한다. 사실 '전근대'라는 말도 뜻을 따지고 들자면 매우 성가셔질 터이니, 여기서는 그저 '오늘날 양식 있는 사람들이 받아들이기 힘든 낡은 가치관이나 정서' 쯤으로 그 뜻을 매겨 두기로 한다.

사실 전근대라고 말할 수 있는 편견은 옛날에만 있었던 게 아니다. 만약에 그것이 오늘날에는 깨끗이 사라지고 없는, 박물관에 갇힌 유물 같은 거라면 굳이 이것이 헌데입네 하고 들춰내지 않아도 좋으리라. 하지만 이 비뚤어진 생각은 요즈음에도 만만찮게 세상을 떠돌아다닌다. 약자를 모욕하고 여성을 깔보고 어린이를 억압하고 가부장 질서를 강요하고 부도덕을 도덕으로 치장하는 일이 요새라고 아주 없을까.

그래서 이것은 옛이야기 속 헌데를 들추는 것만이 아니라 오늘날 우리를 둘러싼 현실을 돌아보는 일도 된다. 그리고 무엇보다도 옛이야기를 슬기롭게 이어받으려면 그 속에 든 쌀과 뉘를 잘 가려야 할 텐데, 이 일은 바로 뉘를 가려내는 데 도움이 되리라. 한마디 덧붙이자면 오늘날까지 입으로 전하는 옛이야기들은 대부분 정서가 무척 건강하다. 그러므로 이 일은, 말하자면 옥에 묻은 티를 가려내는 일에 견주어도 좋겠다.

약자 놀리기

옛이야기 가운데는 우스개(소화)가 있고, 그 가운데는 바보를 내세워 그 어리석음을 이야깃거리로 삼는 것도 있다. 이런 이야기에서 주인공은 대개 세상 물정 모르거나 사리 판단을 잘 못 하는 사람, 또는 시골뜨기 어리보기

같은 사람들이다.

바보 이야기에서는 바보가 하는 엉뚱한 말과 행동이 웃음을 이끌어 낸다. 예사로운 상황에서 전혀 어울리지 않는 말과 행동이 나와 웃음을 자아내는 것이다. 악의 없는 가벼운 웃음이고, 그래서 풍자라기보다는 해학에 가깝다. 앞서 보았듯이 해학은 풍자와 달리 속에 가시를 품지 않아 부드럽고 은근하며 상대에게 생채기를 내지 않는다.

하지만 바보 이야기도 자세히 살펴보면 그 색깔이 조금씩 다 다르다. 주인공을 어떤 눈으로 보느냐에 따라 거칠게나마 세 가지로 나누어 본다. 첫째는 주인공을 철저히 주체로 보는 이야기다. 이 경우 주인공은 동일시 대상이 될지언정 놀림이나 비웃음 대상이 될 수 없다. 성격도 비록 어수룩하긴 하지만 착하고 너그럽고 수더분하다. 그래서 그 마음을 넉넉히 헤아릴 만한 '우리 편'이 된다.

이를테면 '떡보와 사신'에서 떡보는 '낫 놓고 기역 자도 모르는' 까막눈이다. 게다가 힘도 재주도 없어, 할 줄 아는 거라고는 떡 먹는 것뿐인 숙맥이다. 하지만 우연한 행운에 힘입어 그 똑똑하다는 이웃 나라 사신을 거뜬히 물리치고 승리자가 된다. 또 '새끼 서 발'에서 주인공은 '아랫목에서 밥 먹고 윗목에서 똥 싸는' 어리보기로 그 무능함 때문에 집에서 쫓겨나는 신세가 된다. 그러나 때맞춰 나타난 도우미들 덕택에 장가까지 들어, 보란 듯이 집으로 돌아온다. 이런 이야기에서 주인공은 비록 바보지만 이야기는 그걸 놀리는 게 아니라 오히려 그 어리석음마저 따스하게 감싼다. 똑똑하다는 상대편은 제 꾀에 제가 넘어가고, 그렇게 해서 어리석음은 오히려 힘이 되고 재주가 된다. 이 경우 이야기는 철저하게 주인공을 주체로 만든다. 그럼 누구나 주인공과 한 몸이 되어 주인공 처지에서 이야기를 즐길 수 있다.

둘째는 주인공을 단순히 객관화하는 이야기다. 이 경우 주인공은 동일시 대상도 아니지만 그렇다고 놀림이나 비웃음 대상도 아니다. 그저 우리와 비슷한 이웃일 뿐이다. 악의 없이 한바탕 웃자고 만든 이야기므로 주인공을 두고 굳이 내 편 네 편을 따질 까닭이 없다. 바보를 주인공으로 내세운 이야기 대부분이 여기에 든다고 보아도 좋다. 바보 사위 이야기를 비롯하여 바보 남편, 바보 아들, 바보 소금장수와 바보 비단장수……, 많고 많은 바보 이야기가 다 그러하다. 그저 가볍고 유쾌한, 색깔 없는 우스개라 할 만하다.

셋째는 주인공을 뚜렷이 대상으로 보는 이야기다. 이 경우 주인공은 철저하게 놀림과 비웃음 대상이 된다. 이야기는 바보짓을 크게 부풀려 웃음거리로 만들고, 듣는 이들은 인물 반대편에 서서 마음껏 조롱한다. 이런 이야기는 크든 작든 가시를 품고 있어, 듣는 사람이 주인공 편에 서게 되면 몹시 불편해진다. 그래서 이 경우 풍자 대상은 듣는 이들이 동일시하기 어려운 부자나 벼슬아치, 또는 욕심 많고 부도덕한 인물이 되기 일쑤다. 만약에 이 틀이 깨어져 그 대상이 약자가 되면, 주체와 대상이 뒤바뀌어 이야기는 걷잡을 수 없는 혼란에 빠져든다. 보기를 하나 들어 보자.

옛날에 참 뱃사공이 자식 장개를 들이면서 자식한테 그래.

"야야, 우리가 암만 배로 가(배를 가지고) 묵고살지마는 니 장개가서는 함부로 우리 배에 대해서는 무슨 소리 마라이."

애비가 그래 부탁을 했어. 자석이,

"내가 아무리 그렇지마는 장개가서 뭐 우리 배질러 묵은(배질 해 먹은) 소리 하까이요?"

이래 쿤다.

그래 쿠는데, 아 이 안 안창문 앞에 딱 아바이가 요각(요객, 혼인 때 신랑이나 신부를 데리고 가는 식구) 가서 앉아 들으이까, 그 장개온 신랑 본다꼬 모도 참 신랑 방 막 디다봐 쌌게(들여다봐 대니), 아아들이 바글바글 디다보 쌓안께 저거 자식이 하는 말이,

"아, 그니러(그놈의) 아아들 똑 메러치 배(멸치 배) 들온 거매이로(것처럼) 언가이(어지간히) 박작거리네."

이래 캤는기라. 뱃넘 소리, 뱃소리 하지 마라 캤는데, 메러치 배를 들먹있어.

애비가 고마 들으이 어떻게 화가 나는지, '저놈이 뱃소리 하지 마라 캤더마는 뱃소리 한다.' 안창문을 탁 열고,

"대번에 이놈 마 제에미(노)를 가이고……."

이리 됐는기라.

정상박 외, 〈한국구비문학대계〉 8-3 경남 진주시 진양군 편, 382~383쪽

뱃사람이 천대받는 현실을 이야기 소재로 삼은 것인데, 문제는 그 편견을 당연한 듯 받아들이는 이야기 태도다. 이야기는 철저히 뱃사람을 대상으로 보고 '제 버릇 남 못 주는' 못난 버릇을 놀리고 있지 않은가? 만약에 이 이야기를 뱃사람 또는 그와 비슷한 하층민이 듣는다면 어떨까? 그이와 자기를 동일시하여 마치 자기가 놀림을 당하는 듯한 느낌에 사로잡히지 않겠는가?

바보 이야기에서 풍자가 성공하려면 그 대상은 반드시 강자여야만 한다. 부당한 힘으로 약자를 억누르던 강자가 바보짓으로 제 무덤을 제가 판다면 훌륭한 풍자 이야기가 될 수 있다. 그러나 강자 편에 서서 약자의

어리석음을 놀린다면, 그것은 풍자가 아니라 모욕이 된다. 그래서 바보 원님은 놀림 대상이 될 수 있지만 바보 백정은 안 되며, 무턱대고 문자 쓰는 사람은 놀려도 좋지만 글자 모르는 사람을 놀리면 안 되는 것이다.

장애 비웃기

우리 옛이야기가 주인공으로 장애인을 내세우는 경우는 드물지 않다. 장애를 대놓고 이야깃거리로 삼는 것도 있고 그저 지나가는 애기처럼 하는 경우도 있지만, 보통 그것을 비웃으려 들지는 않는다. 오히려 장애를 감싸고 이해하는 태도를 보이는 때가 많다. 이를테면 장님과 앉은뱅이가 업고 업히어 서로 발이 되고 눈이 되어 다니다가 행운을 얻는다는 이야기, 다리 하나뿐인 주인공이 자기를 업신여기는 성한 사람을 달리기 내기에서 이겨 콧대를 납작하게 한다는 이야기, 그리고 무엇보다도 반쪽이 이야기가 있다. 반쪽이는 눈도 하나, 귀도 하나, 팔다리도 하나씩인 심한 장애를 가지고 태어나지만 그 누구보다도 힘세고 슬기로워 온갖 어려움을 다 이기고 정승 딸에게 장가들어 잘 살지 않는가.

그런데 만약 이야기 속에서 장애를 가진 주인공이 바로 그 장애 때문에 놀림을 받는다면 어떨까? 이런 이야기를 건강한 이야기라 할 수 있을까? 보기를 하나 살펴보자.

그래 인제 서울 장안에 소경 두 내외, 에 소경 하내 사는데. 자기는 영감은 소경이래두 부인은 말을 못하구 벙어리거던. 그래 인, 아 뭐이던지 보긴 잘 보구 인제 그렇게 되구. 자기는 앞을 못 보구 인제 그렇게 에, 그렇게 인제 사는데, 거 서

울 장안 복잡한 데서 불이 났단 말이여. 응, 불이 나니까,

"아, 불이야."

소릴 왼통 지르맨서 볶아치니까 그 암소경은 말은 못해두 아 알아듣구 눈으루 내다볼 순 있단 말이여.

아 그래 불이 났다 소리를 그 수쇠경헌테다 헐라니 뭐 그걸 으떻게 전달을 할 수 있나. 그 수쇠경의 무엇 수쇠경을 무어 입을 맞치구 수염을 잡어댕겼대던가 으떻하니깐,

"아 불났어?"

수소경이 그 그걸 암호를 벌써 알아채리구 그래거대. 그래,

"아 그래 타 아 불났이믄 아 우떻게 많이 타지나 않았나?"

그래이깐 인제 그 암소경이 수소경의 자지를 가서 턱하니 움켜쥐었단 말야. 그래이까,

"에이. 지둥만 남었어?"

이래더랜 말과 한 가지루. 그것두 거 지릅을 그 용케, 용케 채렸다구 그게.

서대석, 〈한국구비문학대계〉 2-6 강원도 횡성군 편 1, 479쪽

우리 옛이야기 가운데 소경 또는 벙어리에 얽힌 사연은 꽤 흔하다. 많은 이야기에서 주인공들은 서로 장애를 메워 주기도 하고 때로는 장애를 도리어 장점으로 바꾸는 슬기를 선뵈기도 한다. 아니면 그저 밉지 않은 애교로 색깔 없는 것을 선사하기도 한다. 그런데 이 이야기는 대놓고 장애를 놀리는 듯하다. 끝에 가서 부부의 재치를 들먹였으나 아무래도 칭찬 같지는 않다. 이런 웃음이 과연 건강하고 유쾌한 웃음일 수 있을까?

옛이야기가 주인공으로 장애인을 내세웠느냐 아니냐가 중요한 게 아니

다. 그 장애를 어떻게 보느냐가 문제다. 장애를 미화하고 떠받들 것까지는 없어도 그저 남과 다른 개성으로만 본다면 문제될 리 없다. 그리고 실제로 많은 옛이야기들은 그런 건강한 눈길로 장애를 본다. 하지만 이 이야기에서처럼 장애가 웃음거리가 되는 순간, 이야기는 모든 값어치를 잃고 냄새 나는 헌데가 돼 버린다.

여성 깔보기

우리 옛이야기는 여성을 어떻게 볼까? 짐작과는 달리 많은 이야기들은 여성을 대상으로 보기보다 주체로 본다. 다시 말해 '여성을' 바라보는 이야기보다 '여성으로서' 세상을 보는 이야기가 더 많다. '오늘이'나 '바리데기' 같은 말신화가 그렇고 '구렁덩덩 신선비'와 '콩쥐 팥쥐' 같은 민담이 다 그렇다. 시집살이를 다룬 많은 이야기들도 며느리 처지에서 이야기했기 때문에 절실하다.

하지만 여성에 대한 편견이 겉으로 드러나 있는, 또는 은근히 숨어 있는 이야기도 없지는 않다. 이 대목에서 우리는 좀 더 세심해질 필요가 있는데, 성차별을 다룬 이야기라고 해서 다 똑같은 이야기로 봐서는 안 된다는 것이다. 이를테면 '오뉘 장사 힘내기'는 비록 여성에 대한 차별을 이야기하고 있지만 결코 그것을 인정하거나 싸고돌지 않는다. 오히려 그 차별에 온몸으로 저항하는 듯하다. 누가 봐도 남동생(또는 오라버니)보다 윗길인 누이는 피붙이인 어머니 훼방으로 내기에서 져 목숨을 잃는데, 이 대목에서 마음이 편할 사람은 아무도 없을 것이다. 다들 누이의 억울함에 공감하며 불합리한 현실에 공분을 느끼지 않겠는가. 아기장수 이야기가 민중의 패배를 말하면서 현실에 맞서듯이, 이런 이야기도 여성에 대한 차별을 말하면서 그 편견에 맞선다.

그런데 다음과 같은 이야기는 어떨까?

어떠한 농촌에서 한 사람이 딸얼 싯얼 뒀어. 그러구 아덜은 못 뒀어. 그래 베(벼)를 한 삼백 석 혀. 근디 이 삼백 석지기가 그 노인네 목이 매여 있어어. 이 노인네 목이, 아주 목으로 매여 있어. 그래 인자 그 삼백 석지기를 가지구 사넌디이.

인자 일가친척에서 인자 양자를 하라구 권혀. 양자럴 허라구. 그래 인제 양자를 허라구 권허구 해서 양자럴 하나 딜여 셨어(세웠어). 양자 하나를 딜여 셨는디, 딸덜 말이 뭐라구 허능구 허먼? 딸 삼형제가 모여서,

"아버지, 그저 아아무 걱정두 마시구서어, 그저 한 달은 우리 집이 와 기시구,
한 달은 동상네 집이 와 기시구, 한 달랑 또 끝이 동상네 집이 가 기시구우,
이릏게 해서 삼백 석지기를 우리 백 석지기씩 나눠 주쇼?"

이렁 거여. 그린디, 십번지목으루다(여러 차례) 딸덜이 하아두 그걸 소원해 싸니이, 할 수 읎어서 백 석지기썩 나눠 줬어. (줄임)

이래 인제 구박이 심해져 차차. 멫 달 앙 가서. '에라, 이 망한년들. 느덜 믹구서 내가 산 내가 잘못이구? 느덜 구만둬라.' 인저 부애가 나서, 인저 단 멫 해두 안 지내서 인저 딴 넘 보듯 혀어? 그 재산이 읎으닝깨.

그래서 자기 신세 한탄을 허구서 산중이 목얼 매러 갔어. 자살을 자살 기도허구서. 막 목을 매서 죽을라구 목을 맬라구 허는디,

"그게 누구요오? 누구요? 장깐만, 장깐만."

허머 쫓아오는디 보닝깨 자기 그 양아들이 장이 갔다가 해 떨어질 무렵이 오다 가시리, 우리 한국 사람덜보구 백이민족이라구 허잖나베? 그때는 무색 것이 욱

거던? 흰옷이지. 그러닝깨 땅거미 질 때두 먼 디서 봐두 봤지. 아 와서 보닝개 자기 양아버지여?

"아버지, 이게 워쩐 일이시냐?" 구, "세상에 넘(너무) 넘부끄러 내 자식 된 제가 워트게 낯 들구 워디 댕기라구 이렇게 자결을 허실라구 이러구 기십니까? 가십시다."

그래 양아들네 집이루 모셨어. (줄임)

그래서어, 그래서 양아덜이 딸보덤 낫다능 거지. 지금은 아들딸 구별 말구 참, 둘만 나서 잘 길르자는 얘기가 있지마는, 이 딸이라능 게 당대여. 응? 딸 죽으면 그걸루 끝나능 것이지. 외손자, 외손봉사하는 수두 있지이. 있지만 외손 외손봉사한다손 허더란대두 외증손봉사는 욱거던, 응? 참 응, 말허자먼 효성이 지극헌 사람은 외손자까지는 좋지만 외증손자부텀은 무슨 지사를 지내 줄 기여, 워쩔 게여? 그러닝깨 딸보다는 양아덜이 낫다능 걸 주장허능 거여.

박계홍, 〈한국구비문학대계〉 4-5 충남 부여군 편, 618~621쪽

친딸이 양아들보다 못하다는 이야기인데, 친절하게도 이야기꾼은 그 까닭으로 '외손봉사는 없다'는 것을 든다. 제사를 지내 주지 않으니 딸은 쓸데없다는 것이다. '출가외인'으로 대표되는 유교식 차별 의식이 어떻게 이야기 속에 스며들었는지 보여 주는 본보기라 할 만하다. 이와 비슷하게 친정아버지가 거짓으로 죽은 척하자 딸들이 달려와 거짓 유언을 들먹이며 거짓으로 울더라는 이야기도 있다.

오랜 세월 백성들 삶을 속속들이 지배한 유교 이념은 여성에 대한 편견을 이야기 속에 난폭하게 집어넣기도 한다. 이를테면 어떤 이야기는 비록 어머니일지라도 여자에게는 비밀을 털어놓지 말라고 가르치고, 어떤 이야</p>

기는 여자의 어리석음은 타고난 것이라고 말한다. 이렇듯 대놓고는 아니라도 적잖은 이야기들이 '너그럽고 공평한 남편'과 '속 좁고 사사로움에 매인 아내'를 등장시켜 은연중 여성에 대한 편견을 부추긴다.

여성을 내세운 이야기, 성차별을 드러낸 이야기라고 해서 똑같이 볼 것이 아니라 세심하게 살펴서 받아들일 것과 물리칠 것을 가리는 슬기가 필요하다.

강요되는 효도

효도는 두말할 나위도 없이 값어치 큰 도덕이다. 삼강오륜으로 대표되는 유교 이념 가운데서도 효도는 신의와 함께 오늘날에도 큰 거부감 없이 이어받을 만한 덕목이라 할 수 있다. 그러나 효도가 억지스러운 모습으로 이야기 속에 스며들 때 우리는 도덕의 보자기에 싸인 폭력을 본다. 자식에게 강요된 효도는, 그것이 늙고 약한 부모를 돌본다는 '보은'의 차원을 넘어서는 순간 권위 앞 '순종'으로 변질되고 만다.

이를테면 '희생효'를 다룬 옛이야기는 흔히 옛날 지배층이 민중을 의식화할 때 즐겨 써먹었다. 《삼강행실도》를 비롯한 책들에 이런 이야기가 유독 많은 것을 보아도 그렇다. 부모에게 효도하기 위해 자기 몸을, 또는 어린 자식을 희생한다는 다소 섬뜩한 줄거리가 이념을 선명하게 드러내는 데 안성맞춤이어서 그랬을까? 하지만 이런 이야기가 과연 공감을 불러일으킬 수 있을지는 의문이다. 보기를 하나 살펴보자.

이전에 이제 어떤 집이 사는데 아들이 한문 공부를 배러 댕기거던? 근데 그게 좀 거리가 멀어. 그래 인제 하루 밤 싸 가주구 가서 배구 오구 허는데 그 할머니가 벵이 들었어. 인제 아들에 대해서는 어머니지? 그래 벵이 들었는데 영 약을 써두 낫지가 않구 그래 인제 어서 물어봤는지, 그 글 배러 댕기는 손자를 과 멕여야 낫다(낫는다) 그거야. 그래 어머니가 물어봤어. 그래 남편더러,

"시어머니 병은 그 손자, 글 배러 댕기는 애를 과서 먹이야 병이 낫는다."

그러는 거야. 그래 남편허구 의논허지. 근데 남편이 그 못 헌다 그러지 않어? 아들 글 배러 댕기는, 공부하러 댕기는 아들을 과 멕인다니 그게 말이 돼요? 그래도 인제 아마 그 남편이 승락을 했길래 글 배구 오는 놈을 가마에다 물을 끓여 놓구서는 있다가선 끓이다가 아들 들어오는 거를 끓는 물에다 집어넣어서 과 멕였어. 그 물론 송장 건디기는 갖다 묻었어. 근데 병이 나았어. 담박 나았어.

조희웅, 〈한국구비문학대계〉 1-4 경기도 의정부시·남양주군 편, 917~918쪽

부모 병을 고치려고 어린 아들을 가마솥에 넣는다니, 세상에 이런 끔찍한 이야기가 어디 있나. 이 이야기가 노리는 바는 분명하다. 소중한 자식 목숨을 희생하면서까지 부모 병을 고치려는 젊은 부부의 효성을 칭송하려는 것이다. 그런데 이야기를 듣는 이가 만약 어린아이라면 어떨까? 그래도 젊은 부부 처지가 되어 그 효성에 감탄하며 이야기를 들을 수 있을까? 그리고 이야기가 말하고자 하는 바에 고개를 끄덕일 수 있을까? 외려 자기가 이야기 속 아이 처지가 되어 희생되는 것 같은 충격을 맛보지나 않을까?

아무리 값어치 있는 도덕이라도 자연스러운 공감이 아니라 난폭한 강요에 실려 나타나는 순간, 그것은 이야기가 아니라 폭력이 된다. 교훈을 담은 이야기라고 해서 다 좋은 이야기가 아닌 까닭이 여기에 있다.

떳떳하지 못한 꾀

옛이야기에서 주인공이 꾀와 술수로 문제를 해결하는 일은 흔하다. 풀어야 하는 문제가 크고 어려울수록 힘보다는 지략이 더 쓸모 있어 보인다. 그래서 힘을 떠받드는 이야기보다는 꾀를 내세우는 이야기가 훨씬 더 많다. 이야기 속 주인공이 묘한 꾀로 어려움을 헤치고 자기를 지키는 모습에서 우리는 대신 겪기의 통쾌함마저 느낀다.

그렇지만 이야기 속에서 지나치게 꾀가 강조되다 보면 좀 난감한 경우도 생긴다.

그전에 산꼴에서 소를 사서 멕여 가주구 십여 명 식구가 나무 장살 해 먹구 살어. 근데 도둑놈이 소를 사다 매믄 끌어가, 자꾸. 아 그래 이게, 이거 당체 도둑늠 때문에 못 배기겠단 말여. 그래 가만히 한날은 생각을 해니까 꼭 사 오믄 그늠이 끌어가는데 어느 결에 끌어가는지 몰라선 쇠다리에다가 앞다리에다 꽤리를 하낙씩 다 해 끼었어. 저 쇠죽 먹구 들어온 놈을. 도둑놈이 소를 끌러 들어왔소 그랴. 아 소장을 빼구 소를 일으켜니 소가 일어나야지. 무르팍을 펴야 일어나지. 그래 밤새두룩 신고(고생)하다 그냥 갔어. 그래 도둑놈이 아 이늠으 소를 끌어와야 꼭 좋을 텐데……. 그 이튿날 식전에 갓모때기(갈모)를 뒤집어 씨구서 으째든지 등거리 잠뱅이에 이슬이 주루루 치구 그 집 문 앞으루 지나갔에요. 아 그래 그 주인이 그 재수가 없노라구 나가서 인제 마당을 획획 씨니까루, 이 사람이 보더니,

"여보슈, 여보슈" 그래, 왜 그러느냐니까,

"이거 간밤에 이루 소 끌구 가는 사람 보았소?"

"아이구 제미, 워떻게 소를 잊어버렸어?"

"아 어떻게 했는지 소를 사다 매믄 끌어가구 끌어가구 그러우."

"에이, 빌어먹을. 나두 하두 잊어버려서 안 잊어버리는 방식이 있지."

"거 무신 방식이요? 좀 일러 주슈."

"쇠죽 저녁 먹구 들어눌 제 앞다리 둘에다 뙈리만 해 껴. 그러믄 두루눠서 똥 삶구 일어나지 못히야. 아침에 쇠죽 쒀서 그거 벳겨 노믄 일어나 먹어. 그럼 도둑놈이 못 끌어가."

'옳다, 인제 알았다'구 그냥 갔어. 그래 가 그 이튿날 저녁에 아 가서 도둑늠이 뙈리 베끼구 끌구 내뺐단 말야. 아 자구 보니깐 이늠이 소 가주 가.

"아이구, 이런 우라질, 내가 일러 줘 가주구 도둑맞았구나!"

그래구 해드래.

조희웅, 〈한국구비문학대계〉 1-6 경기도 안성군 편, 54~55쪽

이야기 줄거리인즉 도둑이 소를 훔치려고 술수를 썼다는 것인데, 분위기가 조금 묘하다. 사실대로 일러 줘서 소를 도둑맞은 소 임자는 그 어리석음이 드러나고, 속임수를 써서 소를 훔쳐간 도둑은 그 술수가 강조된다. 대놓고 말하지는 않지만 이야기는 은근히 도둑의 묘한 꾀에 무릎을 치는 듯이 보인다. 이것은 온당하지 않다.

똑같은 꾀가 때로는 슬기가 되고 때로는 속임수가 되는 것은 정당성이 있느냐 없느냐에 달려 있다. 만약에 이야기 속 인물이 자기 생존을 위해 눈앞에 닥친 위기를 꾀를 써 벗어난다면, 그건 마땅히 정당성을 얻어 슬기로 인정받을 수 있을 게다. 하지만 사사로운 이익이나 탐욕을 채우려고 꾀를 쓴다면? 얄팍한 속임수라는 나무람을 비껴가지 못하겠지. 더구나 그것이 남을 해코지하는 데 이른다면 문제는 더 심각해진다.

여기서 우리가 눈여겨볼 만한 것은, 정당한 꾀는 대부분 약자에게서 나온다는 것이다. 약자가 강자의 횡포와 맞설 때 쓸 수 있는 무기는 지략뿐이며, 그래서 이 경우 꾀는 자기를 지키는 정당한 수단이 된다. 거꾸로 강자가 약자에게서 이익을 얻으려고 내는 꾀에 견주어 보면 이 성격은 더 뚜렷해진다. 이를테면 토끼가 자기를 잡아먹으려는 호랑이를 속여 목숨을 지키는 것은 슬기롭다고 칭찬할지언정 나무랄 수 없다. 하지만 호랑이가 토끼를 거짓말로 꾀어 잡아먹는다면 그것은 더러운 속임수가 된다. 토끼와 호랑이 대신에 가난뱅이와 부자, 농사꾼과 벼슬아치를 내세워도 마찬가지다.

옛이야기를 슬기롭게 이어받는 길

옛이야기는 오랜 세월 동안 민중 속에서 전승되어 오는 가운데 그 안에 섞인 흠결을 걸러 내는 과정을 충분히 거쳤다. 예컨대 어떤 이야기를 들은 사람이 그 안에서 뭔가 부도덕하거나 께름칙한 것을 발견했다면, 그 이야기를 다른 사람에게 그대로 전해 주고자 하는 의욕도 잃어버렸을 것이다. 그리고 그런 이야기를 잊어버리거나, 흠결을 걸어 낸 다른 모습으로 전했을 것이다. 한마디로 옛이야기는 '자정 능력' 을 갖추었다는 말이다.

하지만 가끔은 전승 주체인 민중이 그 헌데를 발견하지 못하거나 의식하지 않은 채 이야기를 전하기도 했을 것이다. 옛이야기 속 전근대성은 거의 이런 모습으로 지금까지 전해 왔을 가능성이 크다. 그러므로 누구든지 발견한 사람이 적극 나서서 이것을 바로잡는 일이 필요하다. 이렇듯 헌데 있는 옛이야기를, 만약에 비판하는 자료로 쓸 것이 아니라면 버리거나 걸러 내야 하는 까닭이 여기에 있다.

옛이야기 속에서 전근대성이라 할 만한 요소를 발견했더라도 좀 더 신중해질 필요는 있다. 다시 말해 이야기가 편견을 감싸고 부추기느냐, 따지고 항의하느냐를 가려야 한다. 앞엣것이라면 마땅히 버리거나 비판해야겠지만, 뒤엣것이라면 오히려 그 뜻을 소중히 여기고 보듬어야 할 것이다. 지난날의 그늘을 덮어놓고 숨기거나 외면하기보다는 정직하게 드러내어 살피는 일도 경우에 따라서는 필요하기 때문이다.

옛사람들이 물려준 옛이야기에서 쌀과 뉘를 잘 가리는 일이야말로 그것을 슬기롭게 이어받는 지름길이다.

살아 있는 교육 25

옛이야기 되살리기

2011년 6월 27일 1판 1쇄 펴냄

글쓴이 서정오

편집 김성재, 김소영, 김용란, 양선화, 이경희 | **디자인** 샘솟다 | **제작** 심준엽
영업 박꽃님, 백봉현, 안명선, 안중찬, 윤정하, 이옥한, 조병범, 최민용, 최정식
홍보 김가연, 김누리 | **콘텐츠 사업** 위희진 | **경영 지원** 유이분, 전범준, 한선희
제판·인쇄·제본 (주)상지사 p&b

펴낸이 윤구병 | **펴낸곳** (주)도서출판 보리 | 출판 등록 1991년 8월 6일 제 9-279호
주소 (413-756) 경기도 파주시 교하읍 문발리 파주출판도시 498-11
전화 031-955-3535 | **전송** 031-950-9501 | **누리집** www.boribook.com
전자우편 bori@boribook.com

ⓒ 서정오, 2011

이 책의 내용을 쓰고자 할 때는, 저작권자와 출판사의 허락을 받아야 합니다.
잘못된 책은 바꾸어 드립니다.

보리는 나무 한 그루를 베어 낼 가치가 있는지 생각하며 책을 만듭니다.

값 12,000원
ISBN 978-89-8428-668-9 03370

이 책의 국립중앙도서관 출판시 도서목록(CIP)은 e-CIP 홈페이지(http://www.nl.go.kr/ecip)와
국가자료공동목록시스템(http://www.nl.go.kr/kolisnet)에서 볼 수 있습니다.
(CIP 제어번호: CIP 2011002382)